Generis
PUBLISHING

PERSPECTIVES D'APPLICATION DU MANAGEMENT PUBLIC POUR LA REFORME DE LA JUSTICE CONGOLAISE

ATAFO LEMA Jean-Chrysostome

Title: **PERSPECTIVES D'APPLICATION DU MANAGEMENT PUBLIC POUR LA REFORME DE LA JUSTICE CONGOLAISE**

ISBN: 979-8-89966-107-5

Author: ATAFO LEMA Jean-Chrysostome

Cover image: https://unsplash.com/

Publisher: Generis Publishing
Online orders: www.generis-publishing.com
Contact email: info@generis-publishing.com

Du même auteur

Les défis de la protection de l'environnement en droit international, Paris, HARMATTAN, 2019.

Législation congolaise environnementale : Forces et faiblesses, Paris, EDILIVRE, 2019.

Manuel d'initiation à la recherche scientifique et aux méthodes de recherche en sciences sociale et de gestion, Inde, Edition Universitaire Européenne, 2021.

Droit de l'informatique, Inde, Edition Universitaire Européenne, 2021.

IN MEMORIAM

A titre posthume, nous dédions ce livre à notre père Atafo Gbaiga Jean-Chrysostome, dont la mort nous a séparé précocement dès notre enfance.

DEDICACES

A notre mère Mambabua Mapkinedi Lucie ;

A notre épouse Bhamana Suruleko Chantal ;

A nos enfants Alanzoko Nyota Syntiche, Atafo Mambabua Aimée-Arline et Ateto Atafo Valere-Philippe, pour tant d'amour et sacrifices consentis durant les moments d'épreuves.

REMERCIEMENTS

Nos sentiments de gratitude vont à l'endroit de notre directeur, le Professeur Malingi Tongolo Frédéric pour avoir accepté la relecture et correction de cet œuvre scientifique en dépit de ses multiples occupations. Merci pour vos conseils et encouragements.

Nos hommages mérités s'adressent à la coordination du programme Master de l'Université de l'Uélé pour l'accompagnement.

Nos remerciements au Professeur Kashosi Gad David pour les échanges fructueux dans sa cellule de recherche ayant permis notre orientation scientifique.

Nous pensons également à tous les membres de notre famille : nos frères, sœurs, neveux et nièces, cousins et cousines, belle-mère, belles-sœurs pour vos encouragements.

Nous ne pourrions pas terminer cette ligne sans exprimer notre reconnaissance à ces personnes dont le soutien a énormément contribué à ce que ce mémoire de maitrise soit réalisé. Nous pensons particulièrement au Docteur Atafo Ateto Venant, monsieur l'Abbé Adroma Adrupiako Frédéric et Papa Tandema Dramile Louis.

Que nos amis Bi Mawanzo Rose, Mambabua Tshabani Godelive, Takuya Lokossa Judicael, Lebakwae Dembya Junior, trouvent dans cette page, le fruit de reconnaissance de leurs soutiens multiples.

A tous ceux qui, d'une manière ou d'une autre, nous ont apporté leur soutien pendant ces années de recherche, nous leur disons un grand merci.

TABLE DES MATIERES

INTRODUCTION GÉNÉRALE

La République Démocratique du Congo (RDC) est un État de droit.[1] Pour concrétiser cet idéal, il est nécessaire de consolider une justice de qualité pour tous, indépendante, performante et protectrice des droits humains, mais également elle devra être sécurisante.

En effet, si l'indépendance du pouvoir judiciaire est largement consacrée tant par la *Constitution* que par les engagements internationaux de la RDC et les lois subséquentes ainsi que l'existence d'un Conseil Supérieur de la Magistrature rénové, force est de constater que, dans la pratique, elle continue à se heurter à quelques obstacles. La faiblesse de la dotation budgétaire allouée au pouvoir judiciaire, les ingérences supposées ou réelles de l'exécutif dans l'administration de la justice, les faiblesses organisationnelles du Conseil Supérieur de la Magistrature, l'impunité de certains magistrats corrompus, la faible redevabilité de quelques acteurs judiciaires et les conditions de travail pour le moins inadéquates de ceux-ci constituent autant de contraintes pesant sur l'indépendance du pouvoir judiciaire en RDC.

Au début de 21ième siècle, il sied de constater l'influence grandissante du nouveau management public dans le secteur de la justice qui se démontre à travers plusieurs réformes judiciaires des pays dans le monde. A titre illustratif, dans le droit administratif québécois, le tribunal administratif de travail a connu l'impact du nouveau management public suite à la réforme administrative à travers plusieurs outils de gestion axés sur les résultats pour aider le magistrat à prendre des décisions avec efficacité et atteindre la performance.[2]

En France, selon Nicolas d'Hervé, la magistrature est influencée par des théories néolibérales qui visent la performance, l'efficacité et le pragmatisme.[3]

Quant à la Belgique, l'affaire Dutroux avait poussé selon Frédéric Schoenaers, les décideurs politiques belges à appliquer le nouveau management public pour la moderniser et la rendre performante.[4]

---

[1] Article 1er de la constitution du 18/2/2006 tel que modifié à ce jour : « La République Démocratique du Congo est, dans ses frontières du 30 juin 1960, un Etat de droit, [...].

[2] BOUCHARD A., «La gestion par résultats au sein du Tribunal administratif. Un cas d'acculturation du droit par le management», dans *Lex életronica,* vol. 27, n°1, 2022, pp. 107-133.

[3] HERVE Nicolas (d'), «La magistrature face au management judiciaire», dans *Revue de Science Criminelle et de Droit Pénal Comparé,* n°1, 2015, pp. 49 à 66.

[4] SCHOENAERS F., « Le Nouveau management public et la justice : les enjeux de la réforme du système judiciaire belge », dans *RJTUM,* n°54, 2020, pp.459-485.

Actuellement, en RDC, les propositions de réforme de la justice dite « lois Minaku et Sakata » visent à donner au ministre de la Justice le contrôle renforcé sur les procureurs, en lui octroyant notamment un droit de regard sur les poursuites pénales ainsi que le droit de sanctionner tout procureur poursuivant une instruction contre sa volonté[5]. Si elles étaient adoptées, ces lois menaceraient de compromettre gravement un système judiciaire déjà affaibli par des années d'ingérences des politiciens.

Nous proposons dans cette étude l'application du nouveau management public comme un fondement de la réforme de la justice congolaise. La finalité poursuivie c'est de rendre indépendante, efficace, efficiente et performante l'appareil judiciaire congolais.

La justice constitue l'un des piliers de la démocratie. Elle en est également le gardien. Elle ne peut, néanmoins, jouer valablement son rôle que si elle est appliquée et exercée dans le respect de règles, principes et valeurs universellement reconnus et auxquels la RDC en tant qu'Etat souverain a adhéré.

Le secteur de la justice est l'un des piliers le plus important pour faire asseoir un État de droit au sein de la société. Il est un gage de la stabilité et de la paix pour toute société qui émerge d'une situation de conflits. Dans les sociétés *post* conflit, l'incapacité du système judiciaire de véhiculer, de promouvoir, de garantir et de protéger les valeurs d'équité et de justice ne peut qu'être une source d'anarchie et une porte ouverte invitant au retour des troubles sociaux.

Mais le secteur de la justice ne pourra efficacement répondre à ses fonctions qu'à la condition que les prestataires des services judiciaires et les autorités politico-administratives se soumettent à la force de règle de droit.

L'existence en RDC d'un secteur de la justice indépendant, impartial, respectueux de la légalité et accessible, constitue donc un impératif à l'établissement d'un État de droit.[6]

En RDC, le système judiciaire fait face à un manque crucial de confiance légitime de la part de la population. Ce déficit de crédibilité s'explique par le fait que la chaîne pénale est caractérisée par « la lenteur des procédures, la partialité des acteurs, le non-respect des droits de la défense et la mauvaise qualité des décisions judiciaires » tel que souligné par le rapport des États Généraux. Ces dysfonctionnements se

[5] KAVUNDJA MANENO T., « Les propositions de réforme de la justice Minaku-Sakata vont-elles détruire la qualité de la justice en République démocratique du Congo ? » *dans Revue de la Faculté de Droit de Goma*, n°5, 2021, pp.40-84.
[6] KIFWABALA TEKILAZAYA et ali, *Le secteur de la justice et l'Etat de droit*, Ed. Open Society Foundations, Afrique du Sud, 2013, p.9.

reflètent notamment dans la durée exagérée des détentions préventives, le taux de surpopulation carcérale dans la majorité des lieux de détention, la disproportion entre le nombre de prévenus et de condamnés et le pourcentage de détentions inopérantes. Les principales causes sont une vision répressive de la justice au sein des acteurs judiciaires, dont les attentes envers la justice pénale se seraient renforcées depuis la transition et un système judiciaire caractérisé par la corruption et la marchandisation des détenus.[7]

En conséquence, il existe une impunité des infractions perpétrées par ceux qui justifie de protecteurs et/ou de moyens financiers. Également les plus vulnérables, incapables de monnayer leur liberté, sont incarcérés dans des prisons surpeuplées avec des effets dévastateurs en terme, psychologique, physique et sociales. Ils souffrent d'un manque d'hygiène, de nourriture, ou parfois de la médiocrité de la nourriture, de l'accès difficile aux soins médicaux, de l'absence d'activités physiques ou d'éducation, de l'incapacité de subvenir aux besoins de la famille ainsi que du risque du fait d'être exclus de la communauté. Pire, dans certaines prisons, les détenus meurent de faim et de maladies liées à la promiscuité. Dès lors, le régime pénitentiaire en RDC peut s'apparenter à des traitements inhumains, cruels et dégradants.

En outre, en RDC, le secteur judiciaire souffre d'un déficit criant d'administration caractérisé notamment par l'absence d'une politique adéquate, la modicité du budget qui lui est alloué et une mauvaise gestion des tribunaux et parquets ainsi que du personnel judiciaire. Le secteur judiciaire est profondément miné par une très faible capacité de planification due en partie à la faiblesse des moyens financiers et à l'absence de participation du personnel judiciaire à la définition des priorités. L'accès du public et des justiciables aux données et informations judiciaires est très faible, en partie à cause d'un système quasi-inexistant d'archivage, de conservation et de classement de ces données.[8]

Dans la présente étude, la question principale que nous nous posons c'est de savoir: quels sont les problèmes majeurs de la justice congolaise ? De cette question principale, découlent deux questions subsidiaires pertinentes qui méritent réflexion dans cette recherche :

- Quels sont les défis majeurs de la réforme de la justice en RDC?
- Quelles perspectives pour la réforme du système judiciaire congolais ?

[7] TRUBEK D., The « Rule of Law » *in Development Assistance : Past, Present, and Future*, juin 2003, p.1.
[8] KIFWABALA TEKILAZAYA et ali, *Op.cit*, p.51.

L'étude discute de l'hypothèse principale selon laquelle les problèmes majeurs de la justice congolaise seraient notamment le manque d'indépendance des magistrats, le déficit du management de carrière des magistrats, la modicité de rémunération des personnels de la justice.

Les défis majeurs de la réforme de la justice en RDC seraient notamment un déficit de management marqué par le manque de planification, de direction, de commandement, de contrôle et de suivi efficace des réformes antérieures dudit système. Il sied de mentionner également le budget faible alloué au secteur de la justice.

La perspective pour la réforme du système judiciaire congolais serait notamment l'application du nouveau management public moyennant la contractualisation et l'agencification ainsi que d'autres réformes de l'arsenal juridique voire judiciaire congolais afin d'atteindre l'efficacité, l'efficience et la performance du service public à l'échelon du secteur de la justice.

L'objectif général de l'étude est de déterminer les problèmes majeurs de la justice congolaise afin de proposer des perspectives innovantes dans le sens de la réforme du système judiciaire congolais. Spécifiquement, la recherche décrit les défis de la réforme de la justice en RDC.

Le choix de ce sujet est motivé, d'une part, par notre orientation de spécialisation en management de l'administration publique, plus exactement, le domaine de la réforme de l'administration publique. Ainsi, voudrions-nous proposer ici quelques pistes de solution en termes de réforme dans le domaine de l'administration publique congolaise, spécialement dans le secteur de la justice en tenant compte des problèmes de la justice et défis des réformes en RDC.

L'intérêt de cette recherche réside, d'autre part, dans le vœu de voir les innovations apportées dans la théorie du nouveau management public, ainsi que les solutions proposées pour la réforme de la justice congolaise.

La démarche méthodologique de l'étude se base sur la méthode systémique de David Easton complétée par la méthode juridique et la méthode qualitative.

Pour la récolte des données, la technique documentaire a permis d'accéder aux différents textes légaux, aux documents susceptibles de nous fournir les données essentielles à notre sujet d'étude comme les ouvrages et les données électroniques. La technique d'observation directe désengagée complète la technique documentaire.

Pour traiter les résultats de ce travail, l'analyse de contenu qualitative a aidé à apprécier les informations contenues dans les documents officiels, les ouvrages, etc.

Notre positionnement épistémologique est celui du constructivisme pragmatique avec un mode de raisonnement inductif.

Cette étude est une innovation dans la théorie existante du management judiciaire puisqu'elle aborde la question du nouveau management public dans le domaine de la justice en préconisant l'application de certains principes du nouveau management public comme l'agencification (création d'un service public indépendant) pour gérer le pouvoir judiciaire et les services du secteur judiciaire, par ricochet, la contractualisation des personnels dudit secteur avec la clause de performance.

En réalité, elle invente la théorie de la désagrégation restructuro-fonctionnelle en lieu et place de la désagrégation structurelle répandue par les études antérieures en nouveau management et la théorie de rééquilibrage de pouvoir pour soutenir la théorie de séparation de pouvoir proposée par Montesquieu[9].

Cette étude constitue également une solution pratique ou managériale aux décideurs politiques de divers systèmes juridiques romano-germanique dans le monde qui sont confrontés aux mêmes faiblesses de leurs systèmes judiciaires inspirés du modèle wébérien.

Spatialement, cette recherche se déroule en RDC. Temporellement, elle concerne la période allant de 2015 à 2023. Cet intervalle de temps se justifie par la modification de statut des magistrats en 2015 et 2023 coïncide avec la fin de nos recherches.

Cette étude est divisée en trois chapitres, hormis l'introduction générale et la conclusion. Le premier chapitre est consacré à la revue de la littérature et cadre méthodologique et épistémologique. Il sera question de clarifier les concepts clés de l'étude et de démontrer l'application des méthodes, techniques et positionnement épistémologique. Le deuxième chapitre porte sur défis majeurs de la réforme de la justice en RDC. Dans ce chapitre, deux volets sont développés, à savoir les défis relatifs au fonctionnement de la justice et ceux relatifs à la réforme de la justice. Le dernier chapitre proposera les perspectiveses pour la réforme du système judiciaire congolais. Nous jetterons les pistes de solutions pour la réforme judicaire congolaise en s'appuyant sur l'idée du nouveau management public (NMP).

---

[9] MONTESQUIEU, *De l'esprit des lois,* Paris, Ed. GARNIERS FRERES, 1871, 700p.

CHAPITRE PREMIER
REVUE DE LA LITTÉRATURE ET CADRE MÉTHODOLOGIQUE ET ÉPISTÉMOLOGIQUE DE CETTE ETUDE

Une étude qui se veut innovante tire ses racines de la littérature précédentes, car, elle ne se développe pas « *ex nihilo* ». A ce propos, la littérature en matière de du nouveau management public, de la réforme et de la justice est abondante. Nous focalisons notre attention sur les principales études qui contribueront, sans doute, à apporter une valeur ajoutée à notre étude.

Nous appliquerons dans ce travail les méthodes, techniques et un mode de raisonnement selon notre positionnement épistémologique.

Section 1 : REVUE DE LA LITTÉRATURE

Dans cette partie de l'étude, nous présentons à la limite de nos lectures la littérature existante sur le nouveau management public, la réforme et la justice.

1.1.1. Nouveau management public

Il existe plusieurs définitions du nouveau management public, abrégé dans cette étude (NMP) proposées par divers auteurs. A titre illustratif, Bezes[10] définit le nouveau management public comme « un ensemble hétérogène d'axiomes tirés de théories économiques, de prescriptions issues des savoirs de management, de descriptions de pratiques expérimentées dans des réformes (notamment dans les pays anglosaxons) et de systématisations produites par des organismes comme l'Organisation de Coopération et de Développement Économique (OCDE) ».

Quant à Urio[11], il renchérit, en affirmant que le NMP « s'appuie donc sur la programmation, la contractualisation, la coordination et l'évaluation des décisions. Il met en place les principes des trois E (Économie, Efficacité et Efficience) ». « Il emploie des méthodes et des outils issus du secteur privé, basés sur la recherche de la

[10] BEZES, P., « Le renouveau du contrôle des bureaucraties : L'impact du New Public Management », dans *Informations sociales*, n°126(6), 2005, pp. 26-37.
[11] URIO, P., « La gestion publique au service du marché » in M. Hufty (dir), *La pensée comptable : État, néolibéralisme, nouvelle gestion publique*, Paris, PUF, 1998, pp. 91-124.

performance et de résultats. Cet emprunt permet de concilier les notions de flexibilité, d'efficacité, d'efficience et d'évaluation. »[12]

Enfin, Gardere[13] pense que le NMP est concrètement l'application des techniques managériales du privé au secteur public ».

De toutes ces littératures susmentionnées, nous comprenons que NMP est un modèle de gestion de l'administration publique érigé en opposition au modèle de gestion bureaucratique. Comme le soulignent Gow et Dufour[14], lorsque le nouveau management public ne conduit pas l'administration publique à délester ses activités, par un recours à l'impartition, à des partenariats public-privé et à la privatisation, il incite les instances politiques à miser sur la professionnalisation des gestionnaires de l'administration publique pour réformer la bureaucratie puis à leur accorder une plus grande marge de manœuvre en contrepartie d'une imputabilité accrue à l'endroit de la performance de l'administration. Dans ce cadre, il est attendu des gestionnaires de l'administration publique qu'ils mobilisent les principes et les outils de gestion propres aux entreprises privées dans le but de fournir les résultats escomptés.

En plus de s'appuyer sur la gestion par résultats, la concurrence entre les unités administratives et les incitations individuelles à la performance, le NMP met l'accent sur l'efficience, le contrôle des coûts, la qualité des services offerts aux clients et la flexibilité organisationnelle. Le nouveau management public s'oppose ainsi aux principes de la bureaucratie que sont la centralisation, la continuité de la relation entre l'administration et les instances politiques, la prudence de même que la surveillance étroite des processus selon Charih et Rouillard[15].

Christopher Hood, de sa part propose la dénomination NMP (*new public management*) dans un article publié en 1991. Par cette appellation, il cherchait à décrire les tendances qu'il observait, avec d'autres, dans les réformes administratives récentes qu'avaient connues bon nombre de pays de l'Organisation de Coopération et de Développement Économique (OCDE).

Le NMP doit être différencié de la nouvelle administration publique (*new public administration*) qui s'est développée aux États-Unis à la fin des années 1960 sur

---

[12] URIO, P., Op.cit, pp. 91-124.

[13] GARDERE, É., « Institution communicante et nouveau management public », dans *Communication et organisation*, n° 41, 2012, p. 30.

[14] GOW, J. I. et DUFOUR C., « Le nouveau management public est-il un paradigme ? Cela a-t-il de l'importance ? », dans *International Review of Administrative Sciences*, vol. 66, n° 1, 2000, p. 679-707.

[15] CHARIH, M. et ROUILLARD L., « The New Public Management », dans M. Charih et A. Daniels (dir.), *Nouveau management public et administration publique au Canada*, Toronto, Institut d'administration publique du Canada, 1997, p. 27-45.

un peu plus d'une décennie. Comme le précise Frederickson[16], l'un des principaux auteurs à en avoir conceptualisé les fondements, la nouvelle administration publique visait à renforcer l'équité sociale en encourageant les fonctionnaires à exercer leur liberté d'action là où ils observaient des injustices sociales, de façon à enrayer les discriminations qu'ils étaient à même de percevoir en raison de leur proximité des citoyens. Pour les défenseurs de la nouvelle administration publique, la dévolution de pouvoir aux fonctionnaires était requise en raison de l'incapacité des procédures administratives traditionnelles à éliminer les discriminations subies par les plus démunis. Contrairement à l'individualisme que prônerait le nouveau management public, la nouvelle administration publique défendait des valeurs que Frederickson[17] qualifierait plus tard d'humanistes et de démocratiques.

Nous concluons que l'idée principale du nouveau management public est la transposition des règles de gestion du secteur privé dans le secteur public atteindre une certaine performance, efficience, efficacité en vue de satisfaire les citoyens qui sont perçus désormais comme des clients et non de simples usagers du service public. Ainsi, les administrations publiques ou services publics sont appelés à être organisé de manière décentralisé en donnant plus d'autonomie aux structures opérationnelles ayant une responsabilité claire. La contractualisation est le mode de recrutement des ressources humaines, qui, par la suite devront être promu selon le mérite et la performance au terme de contrôle sur base des indicateurs de performance. Le partenariat public-privé est envisageable. Enfin, l'allocation des budgets est basée sur les objectifs clairs et précis.

1.1.2. Réforme

Une réforme est un changement important dans l'organisation institutionnelle ou sociale d'un pays ou d'un secteur d'activité, dans le but d'y apporter des améliorations. Elle se distingue de la révolution par un aspect limité ou progressif et s'inscrit dans le cadre des institutions existantes.[18] Ainsi, elle désigne aussi la modification effectuée dans un but d'amélioration ou le changement apporté en vue du rétablissement d'une forme primitive ou ancienne.

---

[16] FREDERICKSON, H. G., « New Public Administration », dans F. Marini (dir.), *Toward a New Public Administration: The Minnowbrook Perspective*, Scranton, Chandler, 1971, p. 309-331.
[17] FREDERICKSON, H. G., « Comparing the Reinventing Government Movement with the New Public Administration », dans *Public Administration Review*, vol. 56, n° 3,1996, p. 263-270.
[18] Dictionnaire la Toupie, *Réforme,* en ligne sur : https://www.toupie.org/Dictionnaire/Reforme.htm, consulté le 6/12/2023 à 13h38.

La réforme est également défini comme une correction, changement profond, transformation, par des moyens conformes aux règles existantes, de quelque chose en vue de le réorganiser, d'améliorer son fonctionnement, ses résultats.[19]

Dans cette étude, la « réforme » est prise dans l'acception de la correction visant la transformation et l'amélioration fonctionnelle des institutions judiciaires congolaises à la lumière de la théorie du NMP pour atteindre l'efficacité, l'efficience et la performance.

1.1.3. Justice

Le terme justice a plusieurs acceptions selon qu'elle est étudiée en droit, en philosophie ou autre discipline scientifique, telles la sociologie, l'économie, la théologie, etc que nous n'allons pas expliciter.

Selon Guinchard S.,[20] dans le domaine de droit, la justice désigne ce qui est juste. Rendre la justice consiste essentiellement à dire ce qui est juste dans l'espèce concrète soumise au tribunal. Le mot justice désigne aussi l'autorité judiciaire, ou l'ensemble des juridictions d'un pays donné.

Pour Pierre-Joseph Proudhon[21], la justice « [...] est le respect, spontanément éprouvé et réciproquement garanti de la dignité humaine, en quelque personne et dans quelque circonstance qu'elle se trouve compromise, et à quelque risque que nous expose sa défense. [...] ».

« De l'identité de la raison chez tous les hommes, et du sentiment de respect qui les porte à maintenir à tout prix leur dignité mutuelle, résulte *l'égalité* devant la justice.[...] ».[22]

Pour cet auteur, la justice équivaut à l'égalité. C'est pour ainsi dire que la notion de la justice et de l'égalité sont intiment liées, ce qui permet d'affirmer que devant la loi, tous les humains sont égaux.

La notion de justice est abordée aussi en philosophie. Nous retenons dans cette étude l'acception de la justice selon Aristote. Selon la philosophie d'Aristote, dans

---

[19] CNRT, *Réforme*, en ligne sur https://www.cnrtl.fr/definition, consulté le 6/12/2023 à 13h40.
[20] GUINCHARD S., *Lexique des termes juridiques*, 25ème édition, Paris, Dalloz, 2018, p. 1217.
[21] PROUDHON P-J., *Justice et Liberté, Les grands textes,* Paris, Presses universitaires de France, 1962, pp. 191-244.
[22] PROUDHON P-J., *Op.cit*, pp. 191-244.

« Ethique à Nicomaque », la justice sera donc située parmi les vertus morales au même titre que les vertus de courage, la tempérance, et la prudence.[23]

La vertu de justice a pour objet de produire des actes justes, ou « le juste » (ce qui est juste). C'est, ce « juste (*to dikaion*) » qui constitue, selon Aristote, le droit. En d'autres termes, pour Aristote ce qui est juste est le droit et inversement.

La justice est ce qui fait accomplir les actions justes, et l'injustice ce qui fait accomplir des actions injustes.

Selon Aristote, la justice dite (justice légale) consiste donc en un sens à agir selon la loi, et inversement on considère ce qui est prescrit par la loi, normalement, juste.

Bref, nous remarquons que l'idée de ce qui est « juste » ressort du contenu du concept justice en droit comme en philosophie. Pour nous, la justice fait référence à l'application de règle juste par les autorités judiciaires. Elle désigne alors les normes « juste » d'un part, et de l'autre les autorités et institutions judiciaires (magistrats, cours et tribunaux, etc).

1.1.4. Agencification

La littérature est abondante en matière de l'agencification comme un de pilier de la désagrégation en nouveau management public.

Il s'agit donc selon Pollitt et *ali* la création d'organismes publics semi-autonomes, principalement des organes d'exécution des politiques; ce qu'ils s'appellent *« une fièvre d'agencification globale »*.[24] Comme l'affirme Bouchard, le principe des agences est un couplage entre *« laisser la gestion aux gestionnaires »* et *« faire en sorte que les gestionnaires gèrent »*, ou autrement dit, la possibilité pour les *« gestionnaires de gérer »*, de les *« obliger à »* gérer ou de les *« laisser »* gérer; ce qui signifie de donner plus d'autonomie en échange du renforcement de la responsabilisation sur les résultats[25].

L'agencification est selon, Verschuere et Verhoest, la clé du principe de la désagrégation structurelle de la bureaucratie pour atteindre l'autonomie de gestion en

---

[23] ARISTOTE, L'éthique à Nicomaque, trad. BASTIT M., *La justice, selon Aristote (Éthique à Nicomaque, Livre V)*, Paris, Ed. ECLJ, 2020, p. 8.

[24] POLLITT et al., «Convergence: the useful myth? » *in Public Administration,* Vol. 79, n°. 4, 2001, p. 933-943. Lire aussi POLLITT, *The essential public manager. Buckingham,* London, Ed. Open University Press, 2003, 196 p.

[25] BOUCHARD A., *Op.cit,* pp. 55-80.

passant par la contractualisation de la gestion du secteur public et une gestion axée sur le résultat[26].

L'objectif central de la réforme était de créer un service public en taille humaine, abordable, efficient et efficace. Les agences devraient ainsi améliorer la prestation des services publics grâce à l'utilisation des techniques du secteur privé.

Par leur statut, leurs fonctions et leurs missions, les agences diffèrent des ministères traditionnels. A la différence de ces derniers, qui gèrent un portefeuille de compétences diversifiées et doivent se plier, *stricto sensu*, aux règles de droit régissant la fonction publique, les agences sont dotées d'une personnalité juridique propre et disposent d'un domaine de compétences particulier puis jouissent d'une certaine indépendance opérationnelle.[27] L'agence a une seule mission bien définie et une structure organisationnelle simple au sein de laquelle des règles de gouvernance propres sont pratiquées. Elles ont des structures hiérarchiques différentes (conseil d'administration, conseil de gestion, direction générale, etc.), des règles de gestion financière et de gestion du personnel plus souples et, *in fine*, un dispositif différencié de contrôle.

1.1.5. Contractualisation

Le terme « contractualisation » s'est davantage répandu dans le domaine public pour désigner les accords entre l'Etat et ses appendices. Au sens juridique, le contrat est un accord régulé par le droit, dans les politiques publiques, il s'agit d'un processus impliquant une coopération entre acteurs, engageant des obligations morales pour chacun. Les définitions de la contractualisation sont nombreuses ; on proposera la suivante : « la contractualisation est une alliance volontaire sur un objet donné de partenaires indépendants ou autonomes qui s'engagent avec des devoirs et des obligations réciproques et qui attendent chacun des bénéfices de leur relation »[28].

---

[26] VERSCHUERE B, «The autonomy-control balance in Flemish arm's length public agencies», in *Public Mnagement Review,* Vol 9, n°1, 2007, pp. 107-133. Lire aussi VERHOEST K, «Effects of autonomy, performance, contracting and competition on the performance of a public agency: a case study», in *Policy Studies Journal,* vol 33, n°2, 2005, pp.235-258.

[27] DAMOU S. et CARASSUS D., « L'agencification est-elle génératrice de performance pour les politiques publiques locales ? Une étude de cas dans le contexte marocain », Symposium international " *Regards croisés sur les transformations de la gestion et des organisations publiques* ", colloque tenue à Maroc, 2021, 10 p.

[28] BOUTET A., « La contractualisation territoriale : un mode d'action publique en renouveau permanent ou un outil d'avenir pour l'aménagement ? », Délégation à l'Aménagement du Territoire et à l'Action Régionale, in *DATAR,* Paris, Septembre 2003, p. 17.

Cette définition comporte trois éléments importants :

- La notion d'alliance volontaire entre des partenaires indépendants ou autonomes signifie qu'il n'est pas possible de contraindre un acteur à entrer en relation mais que, dans le même temps, un acteur doit être en mesure de le faire, au sens juridique du terme. C'est-à-dire disposer d'un statut juridique lui conférant une personnalité juridique ;
- L'engagement à des devoirs et des obligations réciproques : ce point constitue le cœur même d'une relation contractuelle ;
- Les bénéfices de la relation : les acteurs sont des organisations qui ne sont pas altruistes. Elles ne s'engageront dans une relation contractuelle que dans la mesure où elles en attendent des bénéfices pour elles-mêmes.

Section 2 : CADRE THÉORIQUE RELATIF AU NOUVEAU MANAGEMENT PUBLIC

Dans cette partie de l'étude, nous passons en revue la théorie sur le nouveau management public.

1.2.1. Fondements du nouveau management public

En passant en revue la littérature, plusieurs auteurs dont ceux-ci-dessous, ont traité de la question des fondements du nouveau management public. Les principales études qui ont retenues particulièrement notre attention sont contenues dans les paragraphes qui suivent.

En effet, comme l'affirme Merrien[29], le NMP est le résultat de la réunion de quatre éléments différents : les problèmes économiques (dettes publiques, déficit commercial, ...), l'évolution des idées néolibérales et managériales, la mutation des cabinets de conseil qui offrent des solutions prêtes à être vendues, et enfin des responsables politiques qui veulent exploiter l'idée du NMP pour améliorer leur image envers les citoyens. Son fondement de base est la remise en cause des principes de l'Etat providence et de l'organisation bureaucratique qui l'accompagne.

Depuis la fin de la seconde guerre mondiale, les Etats européens ont été obligés d'intervenir activement dans les domaines économiques et sociaux pour assurer le

[29] MERRIEN, F. X., « La nouvelle gestion publique: un concept mythique » dans *Lien social et Politiques*, n°41, 1999, pp. 95-103.

progrès social de leurs citoyens[30]. La finalité était de reconstruire un bon nombre des pays de l'Europe qui avaient subi les affres de la guerre. Dans un tel contexte, les dépenses publiques s'étaient élevées car les Etats assumaient le rôle régulateur de la situation économique pour faire baisser le chômage.

Parallèlement, les recettes étaient devenues de plus en plus faibles à cause de la stagnation de la croissance. Devant cette situation, des voix étaient élevés pour critiquer la posture de l'Etat-providence avec ses effets néfastes sur la croissance économique. En 1960, les Etats-providences ont été accusés de leur incapacité à produire une véritable égalité sociale.

La gestion du secteur public est jugée inefficace, couteuse, rigide et non innovante à cause de son modèle de gestion typique bureaucratique. Ainsi, les pratiques du NMP se basent comme l'affirme Merrien, sur la remise en cause du modèle « hiérarchique rationnel wébérien » au profit d'un modèle « contractuel du marché »[31]. En fait, le NPM s'est parfaitement bâti sur la critique des règles de l'administration bureaucratique[32]. Jadis, ce modèle était considéré comme le modèle caractérisant la gestion des organisations publiques avec ses deux principes suivant : la hiérarchie et la bureaucratie. Mais aujourd'hui, il se trouve coupable de la majorité des problèmes dont souffre l'administration publique à cause de son manque de flexibilité dans le contexte actuel caractérise par la mondialisation et l'évolution technologique. A l'opposé, le NMP renforce l'autonomie et la flexibilité des responsables à travers une gestion axée sur les résultats plutôt que celle bureaucratique axée sur les moyens.

Selon Simon Chatagny[33], lorsque la notion de *New Public Management* est discutée, il n'y a pas de théorie unique expliquant ses fondements. Elle peut être expliquée par la combinaison de différentes théories. Dans ce cas, sont retenues les plus fréquentes et, par conséquent, les plus pertinentes. Dans cette étude, nous en élucidons que trois :

- La théorie ou l'idéologie du *Public Choice* prend forme en 1962 dans les travaux de J.M. Buchanan et G. Tullock. Elle est fondée sur une démarche individualiste étatique. Cela signifie que les administrations publiques partent du principe de se préoccuper tout d'abord d'elles-mêmes à travers leur personnel et leur stratégie, avant de prendre en compte d'autres aspects. De plus, d'après cette

[30] BELHASSAN KHAOULA, « 30 ans de nouveau management public : et après ? », dans *Revue d'Etudes en Management et Finance d'Organisation*, N°8 Mars 2019, p. 3.
[31] MERRIEN, *Op.cit*, pp. 95-103.
[32] *Ibidem.*
[33] CHATAGNY S., *La mise en place du New Public Management a-t-elle un impact sur la satisfaction des clients ? Etude menée auprès de deux services des automobiles Suisses*, Travail de Bachelor, Université de Fribourg, 2014-2015, p. 13. (Inédit).

théorie, la réponse aux problèmes sociaux rencontrés se trouve probablement dans le marché. C'est l'élément le plus souvent expliqué comme fondement du NMP.

- Le néo-libéralisme ou idéologie néo-libérale provient de Friedrich von Hayek et de Milton Friedman. Il remet en cause le rôle de l'État en l'interdisant au sein de la vie économique. Ce courant cherche également à insister sur l'offre et à soutenir une certaine supériorité du rôle du marché sur tout autre ensemble régulé. Dans le contexte du NMP, cette idéologie a inspiré plusieurs personnes dont : la première ministre de Grande-Bretagne Margaret Thatcher et le président américain Ronald Reagan. Ils s'en sont servis pour initier les réformes dans leur pays respectif.
- La théorie de l'agence et la théorie des coûts de transaction amènent à dire que les agents économiques tendent à maximiser leur profit.

S'ajoutent à ces différentes théories d'autres moins importantes telles que : la sociologie des organisations avec le « cercle vicieux bureaucratique », l'analyse des organisations, la théorie des droits de propriété, le choix rationnel, l'école néo-autrichienne[34].

1.2.2. Les principes du nouveau management public

Dunleavy et *alii* présentent les principes du NMP à deux échelons que nous résumons dans cette ligne. Au premier échelon, il s'agit des principes provenant des pratiques du management et de la théorie du *public choice* à savoir : la désagrégation, la concurrence et l'incitation.[35]

Cela signifie que dans les grosses administrations publiques, la désagrégation consiste à fragmenter les hiérarchies formant un bloc rigide pour créer des structures autonomes (agence) moins hiérarchisées, ayant un nouveau système de management et d'information. La notion de la concurrence intervient dans le secteur public afin de baisser le coût et améliorer la qualité des services offerts aux citoyens.

Dans le secteur public, l'incitation consiste à remplacer le système de motivation et de récompense basé sur *l'éthos* par un système de récompense selon les performances spécifiques.

Au deuxième échelon, nous trouvons les pratiques importées des nouveaux principes économiques et managériaux qui ont influencé le secteur public. Citons par

[34] CHATAGNY S., *Op.cit*, p. 14.
[35] DUNLEAVY, P., MARGETTS, H., BASTOW, S., TINKLER, J., «New Public Management Is Dead – Long Live Digital –Era Governance », dans *Journal of Public administration Research and Theory*, Vol 16, n°3, 2006, pp. 467-494.

exemple les pratiques en relation avec la désagrégation comme: l'agencification, le découplage des systèmes politiques, l'amélioration de la mesure des performances ; en relation avec la concurrence : la sous-traitance, la dérégulation, les quasi-marchés, la libéralisation du marché des produits ; en relation avec l'incitation : la privatisation du capital, les partenariats public/privé, la liaison des rémunérations aux performances.

Dans cette partie, nous présentons les principes du nouveau management public, leurs significations et justifications à la lumière des travaux de Christopher Hood et Abord de Chatillon et Desmarais.

Tableau n° 1 : Les principes du NMP selon Hood (1991)

Principe	Signification	Justification
1. « La gestion doit être confiée aux hommes de terrain » : séparer la prise de décision stratégique, qui relève du pouvoir politique, de la gestion opérationnelle, qui est sous la responsabilité de l'administration.	Le pilotage et le contrôle des organisations doivent être confiés aux professionnels nommés à leur tête. Ils doivent jouir d'une autonomie de gestion : attribution de budgets globaux aux gestionnaires publics qui disposent d'une large marge de manœuvre pour satisfaire leurs critères de rendement.	La redevabilité nécessite une définition claire des responsabilités et non la dilution du pouvoir.
2. Des standards officiels et des mesures indiquant les performances doivent être mises en place.	Définition d'objectifs, d'indicateurs de succès, exprimés de préférence sous forme quantitative.	La redevabilité impose des objectifs établis sans ambiguïté. L'efficience suppose que les objectifs soient explicites et suivis.
3. Le contrôle des résultats doit être renforcé.	L'allocation de ressources et les récompenses sont liées à la performance réalisée et mesurée.	Nécessité de s'intéresser aux résultats plus qu'aux procédures.
4. Les organisations publiques doivent se spécialiser / L'administration doit se fragmenter.	Remise en cause des grands ministères monolithes. Création d'agences spécialisées et autonomes, négociant entre elles sans lien de dépendance.	Il est nécessaire de créer des organisations « gérables », de distinguer les tâches des financeurs, acheteurs et

		prestataires des services publics. La contractualisation fait gagner en efficacité les relations internes et externes au secteur public.
5. La compétition/concurrence doit se diffuser dans le secteur public.	Orientation vers des contrats à échéance plus courte, mise au concours pour la fourniture de certaines prestations (marchés publics)…	La rivalité est la clé de la baisse des coûts et de l'amélioration de la qualité.
6. Importer les pratiques managériales utilisées dans le secteur privé.	Abandon de l'éthique traditionnelle (d'obéissance hiérarchique rigide) au profit d'une plus grande flexibilité, de l'incitation à l'engagement personnel des agents.	Il est nécessaire d'utiliser les outils qui ont fait leurs preuves dans le secteur privé.
7. Focaliser l'attention sur la diminution des coûts de production, accroître la discipline dans la consommation des ressources	Diminuer les coûts directs, réduire la hiérarchie, amincir les bureaucraties, résister aux pressions syndicales.	Il est nécessaire de contrôler et limiter les ressources du secteur public, qui doit « faire plus avec moins »

Source : Adapté du Hood (1991)

Selon Abord de Chatillon et Desmarais[36], les trois principes fondamentaux du Nouveau Management sont : Managerialisme, la Responsabilisation et Contractualisation. En voici en condensé leur approche.

- **Managerialisme**. La recherche de performance s'articule dans un premier temps autour de la recherche d'une meilleure maîtrise du coût des actions publiques. Si la réduction drastique des moyens de l'action publique est le fait essentiellement des expériences les plus précoces en matière de NMP, la réduction des coûts demeure une dimension essentielle de ce mouvement. Directement issue de la théorie des choix publics, elle renvoie à l'idée que la recherche de performance peut être déconnectée des moyens alloués aux organisations publiques. La recherche de réduction des moyens est donc une constante du NMP en lien avec l'orientation client.
- **Responsabilisation**. La recherche de performance est, dans un second temps, associée à la responsabilisation, où l'accent est mis sur la responsabilité des

[36] ABORD DE CHATILLON, E. et DESMARAIS, C., « Le Nouveau Management Public est-il pathogène? », *Management international*, Vol. 16, 2012, pp.10–24.

acteurs et des structures. Cet axe se traduit par la création de structures autonomes, redevables (*accountability*) de leurs actions et de leurs coûts, qui se prolonge par la recherche d'autonomisation des managers. La responsabilisation renvoie ainsi à la généralisation dans les organisations publiques des pratiques de management par objectifs et de *reporting*.

- **Contractualisation**. La recherche de performance associée au NMP renvoie également à la remise en question des reconfigurations organisationnelles. Si les organisations de petite et de grande taille ont été, tour à tour, valorisées comme source de performance publique, la tendance actuelle renvoie davantage à l'insertion des organisations publiques dans des réseaux d'acteurs multiples à travers, par exemple, les partenariats public/privé. Ainsi le NMP conduit-il à inclure l'action publique et le travail public dans des réseaux élargis de parties prenantes.

Tableau 2 : Les trois principes fondamentaux du NMP

Managerialisme	le recours aux formules managériales qui conduisent à la rationalisation des dépenses et à l'atteindre des objectifs.
Responsabilisation	cela engendre une culture de performance et favorise l'adoption des pratiques de managements pertinentes.
Contractualisation	le NPM prône pour une intégration des organisations publiques dans des réseaux d'acteurs multiples (en particulier les partenariats publics/privés) à travers le recours à la contractualisation.

Source : Abord de Chatillon et Desmarais (2012). Adapté.

1.2.3. Avantages et limites du nouveau management public

a) Les avantages du nouveau management public

Selon Amar et Berthier[37], de nombreux avantages naissent de la mise en place du NMP. Tout d'abord, le NMP permet de perfectionner et de moderniser l'action publique, souvent jugée comme contreproductive, en introduisant en son sein des pans de rationalité managériale.

En effet, dans le secteur public, la sécurité de l'emploi est généralisée avec le statut de la fonction publique, symbole de neutralité et d'égalité des chances, tandis

[37] AMAR A., BERTHIER L., « Le nouveau management public : avantages et limites », dans *Gestion et Management Publics*, vol.5, Décembre 2007, p. 7.

que dans le secteur privé, la non protection de l'emploi est une réalité (par contre, les rémunérations tiennent mieux compte de l'implication personnelle).

Nos auteurs pensent que le secteur public se révèle essentiellement fondé sur une rationalité juridique alors que le secteur privé est plutôt basé sur une rationalité managériale. Le NMP tend alors à substituer ce dernier type de rationalité à la rationalité juridique classique. Ainsi, l'adoption du NMP peut participer à améliorer l'image, parfois ternie, du secteur public.

Autre aspect, l'étalonnage (*benchmarking*) et la compétition, d'une part entre structures publiques (via des indicateurs de performance), d'autre part entre structures publiques et structures privées (dans le cadre d'appels d'offre) pour la mise en œuvre des politiques publiques susceptible de créer une émulation profitable à l'ensemble des usagers et des contribuables. La concurrence est, dans ce sens, un gage d'efficacité. La délégation opérationnelle de services à des agences autorise un gain de transparence, de clarté et la réduction de l'asymétrie d'information entre politiciens et administratifs. Les besoins sont alors mieux cernés et le contrôle des actions entreprises plus fiable.

Par ailleurs, l'introduction du NMP a permis d'éviter de nombreux gaspillages et de réaliser des économies substantielles dans nombreux pays comme l'Australie, Royaume-Uni, Nouvelle Zélande.

De nos auteurs, nous retenons que les avantages NMP ne sont pas les mêmes partout. Toute raison gardée, nous pensons que le NMP incarne dans les pays ayant expérimenté ce type de gestion comme la réponse au problème de la bureaucratie des administrations publiques jugées inefficaces. L'objectif est d'atteindre l'efficacité, l'efficience et la performance dans les administrations publiques. Pour cela, l'agencification, la contractualisation avec comme corollaire la concurrence, la flexibilité, l'autonomie de gestion, la décentralisation, la gestion axée sur les résultats sont les maîtres-mots.

Il faut aussi souligner que le NMP n'a pas apporté seulement des roses, mais aussi des épines. Pour en savoir davantage, nous présentons dans les paragraphes qui suivent les critiques en son encontre.

b) Les limites du nouveau management public

Les réformes inspirées du NMP ont pu offrir plusieurs atouts pour les Etats en matière de réduction des dépenses, cependant, le NMP a été coupable de plusieurs dysfonctionnement et limites. Contrairement à ce que prétendent ses partisans, le NMP présente de graves conséquences négatives, qui dépassent de loin les résultats positifs[38].

Selon Savoie, D.J, le NMP peut être critiqué en raison de ses nombreuses incohérences et sa définition théorique mal déterminé[39]. En revanche, pour Manning, il est d'ailleurs considéré comme « une étiquette glissante » du fait de ses conceptualisations qui insistent toutes sur des choses différentes et contradictoires[40].

Notons que, parmi les aspects les plus critiques du NMP, il est à signaler sont celles lies à l'agencification de la fonction publique. Comme inconvénient, l'agencification a engendré la création de plusieurs agences autonomes posant ainsi le problème de coordination et de communication[41].

Sur le plan psychologique des fonctionnaires, plusieurs études ont montré l'impact négatif de l'introduction du NMP dans les organisations publiques. Il s'agit des études de Chanial ; Abord de Chatillon et Desmarais[42]. En fait les analyses ont permis d'indiquer que le NMP a un impact sur l'épuisement professionnel qui est causé par les effets du NMP sur la charge de travail perçue par les fonctionnaires.

C'est pourquoi, les mesures liées au NMP conduisent à un climat de violence psychologique due aux principes de compétition instaurées par le NMP affectant les relations sociales entre les fonctionnaires.

Section 3 : CADRE MÉTHODOLOGIQUE ET ÉPISTÉMOLOGIQUE

Dans cette partie d'étude, nous expliquons comment sont développées les méthodes et techniques mobilisées pour atteindre nos objectifs. Le choix de ces méthodes et techniques est guidé par notre positionnement épistémologique et les objectifs assignés.

---

38 BELHASSAN KHAOULA, *Op.cit*, pp. 6-7.

39 SAVOIE, D. J., « What is wrong with the new public management? », in *Comparative Public Administration*, 2006, pp. 593-602.

40 MANNING, N., « The legacy of the New Public Management in developing countries», *in International Review of Administrative Sciences*, Vol 67, n°2, 2001, pp. 297-312.

41 VAN HAEPEREN, B. « Que sont les principes du New Public Management devenus : Le cas de l'administration régionale wallonne », in *Reflets et perspectives de la vie économique*, tome 2, 2012, pp. 83-99.

42 CHANIAL, P., « Le New Public Management est-il bon pour la sante? » in *Revue du MAUSS*, Vol 1, 2010, pp.135-150.
Voir aussi ABORD DE CHATILLON, E., & DESMARAIS, C., « Le nouveau management public est-il pathogène ? », in *Management international*, Vol 16, n°3, 2012, pp. 10-24.

3.1. Méthodes d'étude et techniques de récolte et traitement des données

3.1.1. Méthodes d'étude

Dans cette étude, nous avons opté pour les méthodes et techniques de recherche scientifique.

En plus, la méthode systémique de David Easton, la méthode juridique et la méthode qualitative sont utilisées dans cette étude pour parvenir aux objectifs assignés.

a) Méthode systémique

Selon la méthode systémique de David Easton, ce modèle d'analyse veut que les interactions du système soient représentées sous forme d'un circuit fermé. Dans ce modèle, le système politique est considéré comme opaque ou obscur (Boite noir).

Selon David Easton, les opérations de ce modèle se présentent de la manière suivante à travers ce protocole :

- Première opération : considérer que chaque élément de la vaste toile politique n'est pas isolé, mais au contraire relié à tous les autres ;
- Deuxième opération : séparer la vie politique du reste de l'activité sociale et l'examiner comme s'il était une entité autonome, entouré par l'environnement par lequel il opère. (Boite noire dont les *imputs* de toutes natures et les mécanismes de leur conversion en *ouputs*) ;
- Troisième opération : identifier les propriétés essentielles du système politique entant que système. Il s'agit de dégager les propriétés suivantes : propriété d'identification (description des unités fondamentales ou ses actions politiques et tracer les frontières qui les démarquent des autres) ; identification des *imputs* (demande) ainsi que les forces qui les affectent, cerner le mécanisme par lesquels ils sont transformés en outputs (réponse) ; description de la différenciation à l'intérieur du système, c'est-à-dire la division du travail dans laquelle sont engagés les membres du système, laquelle fournit une structure à l'intérieur de laquelle prend place l'action ; poser comme hypothèse que pour qu'un système structuré se maintienne, il doit prévoir des mécanismes qui intègrent ses membres, les incitent à un minimum de coopération rendant possible la production des décisions impératives.

Dans le cas sous examen, cette méthode s'applique de la manière suivante :

- Première opération : le système judiciaire congolais met en interaction, d'une part, le pouvoir exécutif, parlementaire, et d'autre part, le pouvoir judiciaire ;
- Deuxième opération : le système judiciaire congolais est composé des cours et tribunaux, les parquets, le conseil supérieur de la magistrature, et autres services rattachés;
- Troisième opération : les cours et tribunaux ont pour compétence de dire le droit, les parquets de rechercher les auteurs de l'infraction, les traduire devant les cours et tribunaux pour être juger. En termes des *imputs,* les Magistrats et autres personnels de la justice demandent au pouvoir exécutif des reformes pour assurer l'indépendance du pouvoir judiciaire et l'amélioration de leurs conditions sociaux professionnels. En terme des *outputs,* le pouvoir exécutif peut soit prendre les décisions positives à ces demandes ou soit contraire les rejeter. Pour le maintien dudit système, il a été institué le Conseil supérieur de la magistrature et autres structures spécialisées. Aussi, le maintien dudit système nécessite l'application des réformes efficaces dans ce secteur et une coopération entre les trois pouvoirs traditionnels.

Dans la pratique, certains *output* du pouvoir exécutif vont dans le sens contraire de l'indépendance du pouvoir judiciaire à travers les réformes législatives déniant, par exemple, l'indépendance des magistrats du parquet (exemple de l'article 15 la révision de la loi organique du 1er Août 2015 du statut des magistrats). Par contre, certains *output* du pouvoir exécutif congolais a permis la création des nouvelles institutions judiciaires comme le Tribunal de Commerce, le Tribunal pour enfant, l'éclatement de l'ancienne Cour Suprême de Justice en trois ordres : ordre judiciaire, constitutionnel et administratifs, ayant respectivement comme haute juridiction la Cour de Cassation, la Cour Constitutionnelle et le Conseil d'Etat.

b) Méthode juridique

La méthode juridique d'exégèse complètera celle de David Easton. La méthode d'exégèse a été préconisée au XIXè siècle, après l'adoption du code civil, par l'école de l'exégèse. Les principaux auteurs sont : Duranton, Demolombe, Aubry et Rau.

Cette méthode ne doit pas être confondue avec l'interprétation littérale qui fait prévaloir la lettre du texte sur son esprit. La méthode exégétique fait elle l'inverse en faisant prévaloir l'esprit sur le texte: le but étant ici de découvrir la volonté du législateur.

Dans le cas de cette étude, la méthode d'exégèse consiste à analyser les textes légaux dont notamment la constitution du 18 février 2006 tel que modifiée et complétée à ce jour et la loi-organique du 1er Août 2015 portant sur le statut des magistrats en RDC et d'autres textes de les confronter à la réalité concrète observée sur terrain. Cette méthode consiste aussi à rassembler les textes juridiques en rapport avec le sujet pour en connaitre l'authenticité, de les hiérarchiser, de procéder à la qualification des faits, de les interpréter et de tirer un raisonnement ou présomption.

c) Méthode qualitative

À la différence de l'étude quantitative, l'étude qualitative est une méthode qui permet d'analyser et comprendre des phénomènes, des comportements de groupe, des faits ou des sujets. Cette méthode de recherche descriptive se concentre sur des interprétations, des expériences et leur signification.[43]

La méthode qualitative s'appuie sur une collecte de données qualitatives qui sont obtenues grâce aux techniques comme : l'observation, l'entretien et le *focus group,* l'analyse documentaire, etc.

Dans le cas sous examen, elle consiste à analyser et comprendre les aspects liés au management de l'administration de la justice en RDC à travers les techniques qualitatives d'observation, la documentation.

3.1.2. Techniques de récolte et traitement des données

a) Techniques de récolte des données

Pour la récolte des données, la technique documentaire a permis d'accéder aux différents textes légaux, aux documents susceptibles de nous fournir les données essentielles de notre sujet d'étude comme les ouvrages et les études, articles publiés en ligne.

L'observation directe désengagée ou non participante signifie aussi une observation de *visu;* c'est-à-dire que le chercheur est présent sur le terrain: il perçoit, mémorise, note. Elle concerne des comportements au moment où ils se produisent.

[43] GASPARD CLAUDE, *Étude qualitative : définition, techniques, étapes et analyse*, publié le 22 octobre 2019 sur https://www.scribbr.fr/methodologie/etude-qualitative/, consulté, le 13/12/2023 à 12h39.

Durant nos recherches, de manière désengagée, nous avons pu observer de visu les problèmes majeurs de l'administration de la justice que nous avons évoqués précédemment en qualité de praticien de droit.

b) Technique de traitement des données

D'après Paul N'DA, l'analyse qualitative de contenu cherche à dégager la signification sous-jacente du ou des documents. Ainsi, son objectif est de découvrir la signification du message contenu dans le document, « d'expliciter le ou les sens qui sont contenus et/ou les manières dont ils parviennent à faire effet de sens ». Le chercheur procède donc à la classification ou à la codification dans diverses catégories des éléments du contenu analysé, avec l'intention de dégager les différentes caractéristiques et de comprendre le sens précis.[44]

Dans le cas d'espèce, pour traiter les données qualitatives contenues dans les textes officiels, ouvrages, nous en analysons moyennant une lecture approfondie et critique afin de découvrir la signification du message contenu dans ces documents.

3.2. Variables et indicateurs de l'étude

La conceptualisation, ou la construction des concepts, constitue une construction abstraite qui vise à rendre compte du réel.

En somme, cette étape consiste à élaborer les variables, les indicateurs et les hypothèses de recherche.

Pour rendre opérationnel les concepts clés de cette étude, les variables et indicateurs sont construits.

a) Variables

Nous construisons les variables suivants :

- Variable dépendante : C'est la variable désignée généralement par le symbole Y. Elle dépend, dans ses variations, d'autres phénomènes ou variables que l'on peut étudier ou manipuler. Dans cette recherche, **la** variable dépendante est le concept « justice **».** elle est dépendante ou influencé par la variable indépendante. On peut écrire la relation Y = f(x) où Y = justice et x = nouveau management public (variable indépendante).

[44] N'DA P., *Recherche et méthodologie en sciences sociales et humaines : Réussir sa thèse, son mémoire de master ou professionnel, et son article,* Paris, l'Harmattan, 2015, p. 134.

- v Variable indépendante : C'est la variable qui influence la modification de la variable étudiée. Elle peut être manipulée par l'expérimentateur pour étudier son rôle dans les variations de la variable dépendante. Dans cette recherche, la variable indépendante est le concept « nouveau management public » qui a un impact ou influe sur la qualité de la justice.
- v Variable explicative : C'est une variable qui ne se mesure pas mais qui explique la relation particulière observée entre les variables dépendante et indépendante. Elle donne un sens, une signification précise à cette relation. Pour cette étude, la variable explicative est le concept « réforme ». Elle explique la relation entre la variable dépendante « justice » et la variable indépendante « nouveau management public ».

Pour illustration, nous pouvons observer une augmentation du budget alloué au pouvoir judiciaire, la création d'une agence spécialisée dans le secteur de la justice, l'efficacité et la performance des juridictions judiciaire, etc, cela s'explique par la mise en place des réformes tirées du NMP.

b) Indicateurs

Les indicateurs de recherche aident à mesurer les variables de l'étude. Les indicateurs suivants permettent de mesurer la qualité de la justice congolaise reformée par l'application du nouveau management public :

- Efficience : utilisation rationnelle des budgets alloués aux institutions judiciaires ;
- Efficacité (atteinte d'objectif) : décisions judiciaires impartiales
- Performance : respect de délai de prononcé des jugements par les Cours et Tribunaux ; baisse du taux de la population carcérale ;
- Agencification : création d'agence indépendante du secteur de la justice
- Contractualisation : gestion axée sur le résultat grâce à la signature de contrat de performance par les institutions du secteur de la justice.

3.3. Positionnement épistémologique

Avant de préciser le positionnement épistémologique de cette recherche, nous nous attardons un instant sur la notion de l'épistémologie.

a) Epistémologie

Meriem Bouyzem et Youssef Al Meriouh [45] nous renseignent que le dictionnaire philosophique définit l'épistémologie comme étant le "*discours sur la connaissance*". Il s'agit d'une discipline qui fait « l'étude de la constitution des connaissances valables » selon Piaget[46], cité par Gavard-Perret et al.

Elle désigne aussi, «*une branche de la philosophie spécialisée dans l'étude des théories de la connaissance..* », d'après Gavard-Perret et al.

b) Positionnement épistémologique

Comme nous l'avons déjà cité, l'épistémologie est l'étude de la constitution des connaissances valables, se positionner épistémologiquement, choisir sa posture épistémologique ou encore définir son paradigme épistémologique signifie que le chercheur se rejoint aux principes, croyances, techniques et valeurs d'une communauté scientifique.

Un chercheur ne construit pas sa propre conception de la connaissance isolement ni *ex nihilo*. Celle-ci est influencée par les grands courants de pensée auxquels se réfèrent les chercheurs de la communauté à laquelle il appartient, appelés paradigmes épistémologiques.

A partir des questionnements épistémologiques, nous disent Meriem Bouyzem et Youssef Al Meriouh[47], les réponses données aux questions ci-dessus permettront au chercheur de se positionner dans le l'un des paradigmes épistémologiques suivants: Le positivisme, l'interprétativiste ou le constructivisme.

Nous l'avions dit précédemment que la posture épistémologique de cette recherche est celle du constructivisme pragmatique. De quoi s'agit-il ?

Appelé aussi radical ou téléologique, selon les constructivistes pragmatiques, la connaissance est constitué par l'expérience humaine, et chaque humain a sa propre expérience et sa propre connaissance du réel, ce qui fait que « la véracité de toute hypothèse fondatrice sur l'existence et la nature d'un réel en soi ne pourra jamais être prouvée ». La connaissance élaborée dépend, donc, du chercheur, de son expérience et de son projet de recherche, et ne peut pas conclure que cette connaissance porte sur l'intégralité du réel parce qu'on peut jamais être sûr qu'on a pris en considération dans

[45] BOUYZEM M. et AL MERIOUH Y., « La recherche en sciences de gestion : étapes, paradigmes épistémologiques et justification de la connaissance », dans *Revue Économie, Gestion et Société, N°14 décembre 2017,* p. 6.
[46] PIAGET J., *Logique et Connaissance scientifique*, Paris, Gallimard, 1967, p. 6.
[47] BOUYZEM M et AL MERIOUH Y., *Op.cit,* p9

un projet de recherche toutes les facettes du phénomène étudié. Aussi, selon ce courant, la connaissance produite est influencée par la démarche méthodologique poursuivie dans sa production.

L'objectif de la connaissance développée dans ce paradigme est de « développer de l'intelligibilité dans les flux d'expériences humaines », cette connaissance est exprimée sous forme de « modélisation ». Concernant la méthodologie, la connaissance peut être produite par interprétation de données collectées ou traitement d'informations recueillies par n'importe quelle méthode même si, ce sont les méthodes qualitatives qui sont le plus utilisées et préconisées, dans ce courant, en parallèle à un raisonnement inductif.

En somme, en optant pour le constructivisme pragmatique, la production de la connaissance de cette recherche se base principalement de notre expérience sur les problèmes ou défis de la justice congolaise soutenues par les données qualitatives contenues dans les supports documentaires (articles, ouvrages, etc) et un raisonnement inductif.

3.4. Mode de raisonnement

En s'appuyant des travaux de Meriem Bouyzem et Youssef Al Meriouh,[48] le mode de raisonnement est l'induction qui vise à tirer des règles générales à partir de l'observation de faits particuliers.

Dans cette étude, le mode de raisonnement consiste à tirer des règles générales du NMP dans l'appareil judiciaire (efficacité, efficience et performance, spécialisation, gestion axée sur le résultat, etc) et les analyser à partir de l'observation de faits particuliers constituant des problèmes ou défis du secteur de la justice congolais (déficit du management public dans la carrière des magistrats et des réformes antérieures, faible budget alloué à la justice, manque d'indépendance du pouvoir judiciaire, etc).

[48] BOUYZEM M et AL MERIOUH Y., *Op.cit,* p7

Conclusion de chapitre

Tout au long de ce chapitre, nous avons d'une part clarifié les concepts de clés de l'étude et préciser la démarche méthodologique, épistémologique et le mode de raisonnement, d'autre part, nous avons parcouru la littérature sur le NMP.

En définitive, il faut souligner qu'au-delà des apports enregistrés dans les pays développés (France, Royaume-Uni, Nouvelle Zélande) à propos de l'application du nouveau management public (efficacité, efficience, performance, la gestion axée sur le résultat, la contractualisation, l'agencification, etc), les critiques ont émergés par la suite par certains auteurs cités précédemment.

Le NMP influence aussi la justice pour la rendre efficace, efficiente et performante. Mais, la situation du management du secteur de la justice est loin d'être reluisant en RDC à cause des défis majeurs.

A ce sujet, notre question principale de la recherche mérite d'être posée en ce terme : Quels sont les défis majeurs de la réforme de la justice en RDC?

Nous analysons dans le chapitre deux de cette étude fournir des réponses à cette question.

CHAPITRE DEUXIEME.
DÉFIS MAJEURS DE LA RÉFORME DE LA JUSTICE EN REPUBLIQUE DEMOCRATIQUE DU CONGO

D'entrée de jeu, il faut souligner que la justice indépendante, impartiale est le socle d'un état de droit. Son bon fonctionnement permet la protection des droits et libertés des citoyens. Cela ne constitue qu'un vœu, mieux un idéal à atteindre pour la RDC au regard de nombreux défis auxquelles est confronté la justice congolaise.

Dans ce chapitre nous tenterons d'expliquer, d'une part, les défis relatifs au fonctionnement de la justice congolaise, et d'autre part, les défis relatifs à sa réforme.

Section 1 : DÉFIS RELATIFS AU FONCTIONNEMENT DE LA JUSTICE CONGOLAISE

La justice congolaise est confrontée dans son fonctionnement aux défis majeurs ci-après : problème l'indépendance, de management de carrière des Magistrats, dysfonctionnement du Conseil Supérieur de la Magistrature, problème de rémunération et environnement de travail du personnel de la justice ; surpopulation carcérale dans les prisons, problème d'exécution des décisions judiciaires par les juridictions. Nous les analysons dans cette partie de l'étude.

2.1.1. Problème de l'indépendance de la justice congolaise

En ce début de 21ème siècle, réfléchir sur l'indépendance de la justice congolaise, peut paraître obsolète voire anachronique. Il en est de même la question des menaces qui pèsent sur ladite justice.

En effet, point n'est besoin de rappeler ce thème a fait objet des fortes études intéressantes et systématiques. L'importance de ce sujet tient à sa problématique qui fait de l'indépendance de la justice un débat, sinon constant, du moins toujours renouvelé dès lors qu'elle est menacée en permanence, directement ou indirectement, par divers phénomènes, structures, institutions, organes gouvernementaux ou étatiques, dont l'impact, plus ou moins, important sur le fonctionnement de la justice dépend de facteurs historiques, culturels, idéologiques voire religieux de chaque Etat confronté aux mêmes questions liées à la démocratie et à l'Etat de droit[49].

Dans ce point précis de l'étude, nous fixons le cadre légal sur l'indépendance de la justice en RDC avant d'entrer dans les vifs du sujet sur les défis de l'indépendance de cette institution en étude.

a) Bases juridiques de l'indépendance de la justice

1° En droit international

En droit international, quelques dispositions juridiques pertinentes auxquelles la RDC a adhéré traitent de la question de l'indépendance du pouvoir judiciaire, spécialement la magistrature. Nous faisons l'économie de ces textes juridiques dans ce point.

En effet, le droit à un tribunal compétent, indépendant et impartial est énoncé dans la *Déclaration universelle des droits de l'homme* (Article 10) et dans le *Pacte international relatif aux droits civils et politiques* (Article 14), ainsi que dans des instruments régionaux tels que la *Charte africaine des droits de l'homme et des peuples* (Article 7). Ces différents textes juridiques, en faisant une exégèse juridique, la volonté du législateur est de reconnaitre le rôle essentiel que joue une magistrature compétente, indépendante et impartiale dans la protection des droits de l'homme et des libertés fondamentales.

En outre, le septième Congrès des Nations Unies pour la prévention du crime et le traitement des délinquants a adopté et l'Assemblée générale approuvé, en 1985, les Principes fondamentaux relatifs à l'indépendance de la magistrature, qui doivent être "pris en considération et respectés par les gouvernements dans le cadre de la législation et de la pratique nationales et être portés à l'attention de juges, des avocats, du pouvoir exécutif et législatif et du public".

Les principes couvrent l'indépendance de la magistrature, la liberté d'expression et d'association, les qualifications, la sélection et la formation, les conditions d'exercice et la durée du mandat, ainsi que les mesures disciplinaires, la suspension et la destitution. À ce titre, ils forment un cadre de normes internationales qui permet d'évaluer la magistrature d'un État[50].

---

[49] BADARA FALL A., *Les menaces internes à l'indépendance de la justice*, Nov 2007, Dakar, Sénégal. p.4, en ligne sur https://www.hal.science, consulté le 11/12/2023 à 16h11.
[50] NATIONS-UNIES, *L'indépendance, l'impartialité et l'intégrité de la magistrature,* New York, 2008, p. 2.

2° En droit interne

A la suite d'Adolphe Kilomba Sumaili[51], nous pouvons affirmer que la rhétorique utilisée dans *la Constitution* de la RDC est sans ambigüe sur la question de l'indépendance de la justice. Le Constituant, du 18 février 2006, a tranché cette question à son article 149, alinéa 1 tel que modifié par l'article 1er de *la loi n° 11/002 du 20 janvier 2011 portant révision de certains articles de la Constitution* de la République Démocratique du Congo : « le pouvoir judiciaire est indépendant du pouvoir législatif et du pouvoir exécutif. »

La composition de l'appareil judiciaire de la RDC est énoncé à l'alinéa 2 de ce même article : « le pouvoir judiciaire est dévolu aux cours et tribunaux qui sont : la Cour constitutionnelle, la Cour de cassation, le Conseil d'Etat, la Haute Cour militaire ainsi que les Cours et Tribunaux civils et militaires.» Pour clarifier l'alinéa 1 de l'article 149, l'article 150, alinéa 2 de la Constitution congolaise ajoute «les juges ne sont soumis dans l'exercice de leur fonction qu'à l'autorité de la loi ».

De ces dispositions constitutionnelles découle l'idée selon laquelle la justice doit fonctionner en toute indépendance. Elle n'a pour guide que l'application de la loi et rien d'autre.

Aux institutions du pouvoir exécutif et du pouvoir législatif, le Constituant dicte en avance l'attitude à observer vis-à-vis du pouvoir judiciaire à l'article 151 : « le pouvoir exécutif ne peut donner d'injonction au juge dans l'exercice de sa juridiction, ni statuer sur les différends, ni entraver le cours de la justice, ni s'opposer à l'exécution d'une décision de justice. Le pouvoir législatif ne peut ni statuer sur des différends juridictionnels, ni modifier une décision de justice, ni s'opposer à son exécution. Toute loi dont l'objectif est manifestement de fournir une solution à un procès en cours est nulle et de nul effet ».

Au regard de ces dispositions, l'indépendance de la justice est donc une question réglée par la Constitution congolaise. En vue de prévenir toute velléité dans l'avenir pour subjuguer la justice censée rester en principe indépendante, le Constituant congolais de la troisième république a inscrit à son article 220 alinéa 1 le principe de l'indépendance de la justice comme une matière non-révisable, voire un paradigme : «...l'indépendance du pouvoir judiciaire, le pluralisme politique et syndical, ne peuvent faire l'objet d'aucune révision constitutionnelle». Certes cette disposition est

---

[51] *KILOMBA SUMAILI A,* « La Justice transitionnelle et l'invention d'une Justice Indépendante en RDC : Nécessité ou urgence? » dans *Librairie Africaine d'Etudes Juridiques* n°3, 2016, pp. 478-479.

non révisable, mais n'a pas un caractère absolu ou ad vitam aeternam, car, elle dépend de la volonté politique des gouvernants.

Pour donner corps à cette indépendance, la Constitution congolaise a prévu la mise en place du Conseil Supérieur de la Magistrature, organe habilité à administrer ce corps au sens de l'article 151 de la Constitution : « Le Conseil supérieur de la magistrature est l'organe de gestion du pouvoir judiciaire. » Si ces dispositions confirment l'intention du législateur congolais à rendre la justice indépendante, il demeure cependant en réalité un *hiatus* entre la rhétorique constitutionnelle et la réalité sur le terrain.

b) Les problèmes majeurs de l'indépendance de la justice

En RDC, l'obstacle majeur à l'indépendance du pouvoir judiciaire consacré tant par les instruments juridiques internationaux et en droit interne reste d'une part, ce que nous qualifions des « pesanteurs hiérarchiques »[52], et d'autre part, l'ingérence incessante du pouvoir exécutif dans les affaires relevant de la compétence exclusive du pouvoir judiciaire. Dans les lignes qui suivent allons illustrer nos propos moyennant la doctrine existante.

1° Pesanteur hiérarchique : entrave à l'indépendance du magistrat

Camille Ngoma Khuabi souligne que la *Constitution* de 2006 a mis fin à un système qui consistait à placer les magistrats du parquet sous la direction et le contrôle de leurs chefs hiérarchiques, et sous l'autorité du Ministre de la justice qui avait sur eux un pouvoir d'injonction, très souvent négative. Sous l'empire de cette constitution, le magistrat du parquet est de façon formelle affranchi de sa subordination vis-à-vis du Ministre de la justice, il reste que cela se réalise dans la pratique.[53]

A titre illustratif, il convient de noter avec Wetsho'Okonda Koso[54] *que* la procédure militaire, telle que prévue par le *Code pénal militaire congolais* actuel, reste loin, avouons-le, du standard requis de l'indépendance de la justice et du droit à un procès équitable. Les poursuites sont soumises à l'autorisation préalable du haut-commandement militaire.

---

[52] Il s'agit pour nous du pouvoir hiérarchique qui entrave parfois l'indépendance du magistrat.
[53] NGOMA KHUABI C., Analyse comparative de l'indépendance du pouvoir judiciaire en République Démocratique du Congo et en République du Congo, in *Librairie africaine d'études juridiques*, vol 6, Ed. Rule of Law Program for Sub-Saharan Africa, Afrique du Sud, 2011, p.64.
[54] WETSHO'OKONDA KOSO, *République Démocratique du Congo : La justice militaire et le respect des droits de l'homme – L'urgence du parachèvement de la réforme*, Ed. AfriMAP, Johannesburg, 2009, pp. 71-77.

Mutata Luaba, renchérit que cette soumission constitue, en effet, une pesanteur dans l'administration de la justice militaire congolaise. Pour toutes poursuites, il convient d'obtenir de prime abord l'autorisation du haut commandement qui peut soit autoriser ou refuser. Le Commandement peut en outre interdire les poursuites engagées contre un militaire inculpé.[55]Ce poids du commandement poursuit, aussi bien, le ministère public que le juge. En réfléchissant sur une question déterminée, le juge sait d'avance qu'il a des comptes à rendre à sa hiérarchie et à son commandement. Ce qui annihile toute indépendance et rend présente la pression psychologique dans le mental du juge. Demander ainsi à un juge non indépendant comme celui-là de juger et les civils et les militaires dans des dossiers graves portant sur les crimes de guerre et crimes contre l'humanité devient dangereux pour les justiciables. Ce qui est souvent le cas en pratique à ce jour en RDC.

2° Ingérence du pouvoir exécutif

L'indépendance du pouvoir judiciaire est mis à mal en RDC à travers les ingérences du pouvoir exécutif dans le domaine judiciaire. Ces ingérences se caractérisent par des interférences dans les dossiers judiciaires au mépris de l'article 151 de la *Constitution* que nous avons évoqué précédemment. Il s'suffit pour s'en convaincre de parcourir la doctrine suivante qui illustre des cas des affaires judiciaires qui démontre la main noire du pouvoir exécutif dans les affaires judiciaires.

En effet, Mukadi Bonyi, Kalongo Mbikayi nous renseignent que les interférences du pouvoir exécutif dans l'instruction des affaires judiciaires sont encore monnaie courante. Non seulement des injonctions sont données aux magistrats du parquet et aux juges, mais le pouvoir exécutif s'arroge parfois le droit de statuer sur certains dossiers. Par exemple, invoquant la nécessité de « consolider la paix et assurer la concorde nationale », le 9 février 2009, le Ministre de la justice a ordonné au Procureur général de la République et à l'Auditeur général des Forces armées de la RDC « *de ne pas engager des poursuites contre les membres desdits groupes armés (CNDP) et d'arrêter celles déjà initiées* ».[56]

Egalement systématiques sont les interférences du pouvoir exécutif dans l'exécution des décisions de justice. Deux fois au moins, le 9 janvier 1998 et 29 janvier 1999, le Conseil des ministres a ordonné la suspension de l'exécution des décisions judiciaires condamnant la RDC ou les entreprises publiques au paiement des

[55] MUTATA LUABA, *Droit Pénal Militaire Congolais. Des peines et incriminations de la compétence des juridictions militaires en République Démocratique du Congo,* 2e édition, Kinshasa, 2012, p. 43.
[56] Lire à ce sujet MUKADI BONYI (dir.), *Cinquante ans de législation postcoloniale au Congo-Zaire : quel bilan ?,* Ed. CRDS, Bruxelles, 2010, p. 575.
KALONGO MBIKAYI, « Contribution de l'avocat au procès équitable », in *Revue de droit congolais,* n°06, 2001, p. 13.

dommages-intérêts. La Cour Suprême de Justice (CSJ) s'est déclarée incompétente pour censurer lesdites décisions qu'elle a considérées comme des « actes de gouvernement » échappant au contrôle de la justice[57]. En dépit de la jurisprudence constante de la CSJ en la matière[58], le ministre de la Justice ne s'est jamais résolu de renoncer à prendre des décisions similaires.

A titre d'exemple, le 25 juin 2009, le même ministre a créé une commission qu'il a chargée de revoir les déguerpissements forcés décidés par la justice – une violation manifeste de l'article 151 de la *Constitution* aux termes desquelles : « *Le pouvoir exécutif ne peut (...) s'opposer à l'exécution d'une décision de justice* ». Il en est de même d'un acte de la Primature créant la Commission de récupération des immeubles et terrains de l'Etat en ce qu'il octroie également à celle-ci le droit de s'opposer à l'exécution des décisions judiciaires[59]. Le 24 juin 2009, l'Inspecteur général des services judiciaires donnait des instructions à l'inspecteur provincial des services judiciaires du Katanga ainsi qu'au greffier divisionnaire du tribunal de grande instance de Lubumbashi, Nkulu Kabange, afin qu'ils puissent surseoir à l'exécution du jugement RT 254 du tribunal de grande instance de Kolwezi dans l'affaire *Dewitte c. Société Tenke Fungurume Mining* au sujet d'une rupture de contrat de travail. Le lendemain, c'est un agent du ministère de la justice qui a effectué un déplacement à Lubumbashi dans le but d'empêcher l'exécution du même jugement pourtant devenu définitif.

Selon Kifwabala Tekilazaya et *al*[60], loin d'être isolés, ces cas sont révélateurs d'une politique systématique d'opposition à l'exécution des décisions de justice par le pouvoir exécutif tant à l'échelon national qu'au niveau provincial. De nombreux magistrats ont récemment apporté des détails fort inquiétants de l'existence d'une telle politique, comme par exemple les fortes pressions qu'ils subissent régulièrement de la part des autorités politiques opposées à l'exécution des décisions les condamnant ou condamnant des personnes qui leur sont proches, ou le fait pour l'exécutif de se prévaloir régulièrement d'une vieille circulaire émise par le Conseil judiciaire du parti-Etat au milieu des années 1970 pour interdire l'exécution forcée des décisions judiciaires à l'encontre des entreprises publiques.

---

[57] Lire à ce sujet C.S.J, 16 décembre 2002, R.A 465, *Ndalambu Mbangama et Tshiaba Mbangama* (inédit).

[58] KISAKA KIA NGOY, « La suspension administrative de l'exécution des décisions de justice », in *Revue de la Faculté de droit*, 1ère année, numéro spécial, 1998, p. 116.

[59] KINWANI J. et MANGO J., « La problématique de la garantie de l'indépendance du pouvoir judiciaire par le Conseil supérieur de la magistrature en République démocratique du Congo », dans le *Bulletin Justice et démocratie*, n°28, deuxième trimestre 2009, p. 17.

[60] KIFWABALA TEKILAZAYA et al, *République démocratique du Congo. Le secteur de la justice et l'Etat de droit*, Ed. Open Society Initiative for Southern Africa, Afrique du Sud, 2013, p. 84.

La RDC a récemment été condamnée par la Cour internationale de justice pour des interférences de ce genre.[61] Or, « pour accéder à un Etat de droit où l'arbitraire et la force n'ont pas de place, la première règle à observer est celle de la soumission de l'administration à la loi et au juge. L'inexécution, par elle, des décisions de justice risquerait en effet de porter atteinte au prestige de la juridiction (…) et aux espoirs que les particuliers mettent en elle ».

2.1.2. Problème de management de carrière des Magistrats

D'après nos analyses, nous pouvons affirmer que la gestion de carrière au sein de la magistrature dans certains pays en Afrique en général et en RDC en particulier pose des sérieux problèmes liés à l'absence de l'indépendance des magistrats qui sont sous l'influence des politiques et du pouvoir exécutif. Bien que le texte législatif consacre l'indépendance de la magistrature, la reconnaissance juridique de l'influence du pouvoir exécutif dans la nomination, promotion et sanctions des magistrats est un paradoxe.

Dans ce point, nous exposerons quelques problèmes de la gestion de la carrière des magistrats. Pour y parvenir, la confrontation et analyse des textes légaux régissant ce secteur de la justice et le constat ou pratique sur terrain cristallisera la méthode juridique.

a) Recommandations politiques lors du recrutement des magistrats et inégalité de quotas de magistrats recrutés

Dans plusieurs pays, la nomination initiale des magistrats dépend le plus souvent soit de la réussite à un examen d'entrée dans une école de la magistrature soit du résultat d'un concours. En RDC, comme au Congo Brazzaville, le processus de nomination des magistrats n'est pas susceptible de faire naître de soupçon raisonnable quant à l'indépendance d'esprit de ceux-ci, car s'y applique l'un des systèmes ci-dessus évoqués.

Un recrutement après un examen ou après un concours organisé par un Conseil Supérieur de la Magistrature est, à cet égard, des moins questionnables si toutefois cet organisme ne subit pas, en fait et en apparence, l'influence du pouvoir exécutif ou de l'argent.

En évoquant la question de recrutement des magistrats, l'article 1 point 6 de la *Loi organique du 15 août 2015*, modifiant et complétant celle du 10 octobre 2006 sur

[61] Cour Internationale de Justice, arrêt du 30 novembre 2010 (*République de Guinée c. République démocratique du Congo*), fond, *C.I.J. Recueil 2010*, p. 639.

le statut des magistrats stipule ce qui suit : « Nul ne peut être nommé magistrat s'il ne réunit les conditions énumérées ci-après : [......], être titulaire d'un diplôme de docteur ou de licencié en droit délivré par une université nationale publique ou privée légalement agréée ou d'un diplôme délivré par une université étrangère déclaré équivalent conformément à la législation congolaise sur l'équivalence des diplômes ».

L'article 2 alinéas 1 et 4 du même texte précise ce qui suit : « Le recrutement s'effectue sur concours. Ne sont retenus, à l'issue du concours, que les candidats ayant obtenu les points au-dessus de la moyenne requise et classés en ordre utile eu égard au nombre de postes à pourvoir ».

Dans la pratique, nous avons observé durant le recrutement des magistrats en 2023 que certains candidats qui ont été retenus durant le concours ne l'ont pas été par mérite, mais plutôt par le truchement des recommandations des partis politiques du pouvoir en place.

Notre point de vue est renforcé par Mundala Mundala Dieudonné,[62] qui affirme aussi que le concours des magistrats de 2009 n'était plus objectif du fait que certains candidats étaient passés dans des conditions floues. Ces derniers que les autorités politiques souhaitaient qu'ils s'inscrivent dans la logique de rigueur professionnelle, ont opté pour la continuité. L'espoir d'apporter un changement devenait mince pour un candidat recruté dans ces conditions peu objectifs. Le changement radical des mentalités par rapport aux ainés dans la magistrature ne devenait qu'une simple utopie.

Par ailleurs, tous ces candidats victimes de magouilles orchestrées au niveau du secrétariat du conseil supérieur de la magistrature, n'ont jamais été entendues ni rétablies dans leurs droits.

Remarquons aussi que lors de la publication des listes définitives des candidats ayant satisfait au concours de magistrature de l'année 2023, un déséquilibre se dégage sur le quota des magistrats par province, car, la province du Kasaï a produit plus de 80% des magistrats que les autres provinces réunis.

Cette observation suscite des interrogations qui vont dans tout le sens, voire même la confirmation de la thèse des recommandations du regroupement politique Union pour la Démocratie et le Progrès Social et alliés.

Dans cet ordre d'idées, disons avec Alioune Badara Fall que les divers Conseils supérieurs de la Magistrature sont généralement suspectés de connivence avec le

---

[62] MUNDALA MUNDALA D., *Op.cit,* p. 419.

pouvoir en place et ne disposent, le plus souvent, d'aucune crédibilité, aussi bien au sein de la magistrature elle-même qu'auprès des populations de plus en plus attentives aux décisions rendues par la justice de leurs pays. Dans la majorité des Etats, le Conseil de la magistrature dont la mission essentielle et première est d'assurer le bon fonctionnement du service public de la justice et la garantie de l'indépendance des magistrats, est présidé par le Président de la République. Tel est le cas de la RDC.

Les magistrats africains se retrouvent ainsi dans une situation de dépendance vis-à-vis de cette Haute autorité. Même en l'absence du Président de la République ou du ministre de la justice en tant que Vice-président, le Conseil de la Magistrature semble garder toute son influence sur le corps judiciaire. Il n'est pas exclu qu'il en soit de même dans les pays où cet organe a fait l'objet de réformes destinées probablement à atténuer la présence excessive des plus hautes autorités de l'Etat dans ce Conseil.[63]

b) Problème de notation et promotion des magistrats

En matière de promotion, c'est le Conseil Supérieur de la Magistrature qui a la faculté selon la loi de proposer les candidats, y compris pour les magistrats de la Cour de cassation et du Conseil d'Etat. En RDC, on reconnaît également au Président de la République le pouvoir de nommer les magistrats sur proposition du Conseil Supérieur de la Magistrature.

Le signalement établi chaque année par les chefs des juridictions et les chefs d'offices des parquets a pour but d'éclairer les autorités compétentes sur le rendement, la conscience et les aptitudes professionnelles du magistrat et détermine sa promotion en grade.

En RDC, l'article 158 de la *Constitution* donne également au Conseil Supérieur de la Magistrature la possibilité de proposer trois candidats pour occuper les sièges à la Cour Constitutionnelle, sur un total de neuf membres que doit compter cet organe. Trois sont désignés par le Parlement réuni en Congrès et trois autres le sont sur l'initiative du Président de la République. Ce qui peut conduire, dans un pays où l'exécutif est majoritaire au parlement, au contrôle de la Cour constitutionnelle par le gouvernement.

Alioune Badara Fall épouse notre hypothèse en précisant que dans beaucoup de pays ayant en commun l'usage de la langue française, existe un Conseil Supérieur de la Magistrature qui vient assister le Président de la République garant de l'indépendance de la justice, comme le cas au Bénin, au Burkina-Faso, au Cameroun,

---

[63] BADARA FALL A., *Op.cit*, p. 58.

en Egypte, en France, au Gabon, en Guinée, à Madagascar, au Mali, au Niger et au Niger ou encore au Sénégal. Ces Conseils n'ont pas toujours fait l'objet de commentaires élogieux. En France, de nombreux conflits sont intervenus au fil des ans entre le Conseil et le gouvernement, notamment en matière de notation et d'avancement des magistrats.

En Afrique, les magistrats ne cessent de dénoncer les dysfonctionnements, tant au sujet des nominations qu'au niveau des sanctions prises à leur encontre dans le cadre de procédures disciplinaires. La notation, les nominations et autres promotions, dans bon nombre de ces pays, sont loin d'être transparentes et ne semblent obéir à aucun critère précis et objectif.[64]

Il ne serait pas exagéré de penser que la nomination ou le recrutement de ces magistrats reste sous le contrôle des hommes politiques qui voudraient s'assurer avant tout, que les hommes installés à ces postes leur seraient acquis ou ne manifesteraient aucune hostilité à leur égard. A ce sujet, la transparence n'est pas de rigueur dans les juridictions africaines à propos de la notation, des nominations ou promotions des magistrats.[65]

La nomination ou la promotion des magistrats par l'exécutif sur recommandation dudit Conseil l'est davantage à première vue si ce dernier doit recommander plusieurs candidatures pour un même poste. Dans une telle hypothèse, même si la liberté de choix de l'autorité de nomination est restreinte mais très certaine, on peut craindre que la personne nommée se sente redevable de l'autorité qui l'a choisie.[66]

Dans la pratique, au niveau du Tribunal de Paix de Makiso et Tribunal de Grande Instance de Kisangani, nous, en qualité d'auxiliaire de la justice (Avocat), avons parfois constaté vers les années 2017 que certains magistrats de siège et du parquet ne possédant pas de compétence professionnels ont été promus en défaveur des excellents magistrats que nous connaissons. Le critère ayant prévalue à ces promotions sont l'appartenance ethnique et politique du régime en place.

---

[64] BADARA FALL A., *Op.cit*, p.58.

[65] *Ibidem*, p.58.

[66] NGOMA KHUABI C., « Analyse comparative de l'indépendance du pouvoir judiciaire en République Démocratique du Congo et en République du Congo », in *librairie africaine d'études juridiques*, vol 6, Ed. Rule of Law Program for Sub-Saharan Africa, Afrique du Sud, 2011, p.71.

Pour renforcer notre thèse, Camille Ngoma Khuabi[67] renseigne qu'en RDC par exemple, des magistrats ont indiqué avoir été informés par leur hiérarchie qu'ils devraient prendre une certaine décision pour pouvoir aspirer à une promotion.

Notons avec cet auteur que le suivi de la carrière des magistrats est pour le moment malaisé. La raison est ce suivi est centralisé et ne permet pas d'assurer de manière adéquate les questions de promotion, de discipline et de formation continue. Ce manque de transparence renforce les suspicions de favoritisme au sein de la magistrature.

Bref, le magistrat, comme tout agent de l'Etat, est soucieux de poursuivre une bonne carrière dans sa profession sans se préoccuper d'autres questions que celles liées à la nature et à l'exercice de son activité. Parler de menaces au sujet de la carrière du juge pouvait paraitre contradictoire avec l'idée d'indépendance du magistrat affirmée directement ou indirectement par les textes des pays étudiés. Pourtant, un magistrat qui ferait preuve d'une très grande indépendance aux yeux de son chef hiérarchique, ou à l'égard des autorités exécutives ou politiques en place, pourrait voir sa carrière menacée et son indépendance bien amoindrie. Les magistrats sont plus ou moins attentifs à la perspective d'un avancement dans leur carrière avec les garanties dont ils bénéficient à cet effet, et sont donc bien conscients qu'ils ne sont pas à l'abri de sanctions.

Cette menace sur leur indépendance et leur intégrité est présente tout au long de leur carrière, du recrutement à la cessation de leur fonction, qu'il s'agisse des magistrats du siège, du parquet ou des juges administratifs lorsqu'ils existent.

c) *Révocations, mutations intempestives, menaces et harcèlement des magistrats*[68]

En RDC, l'article 150 de la *Constitution* dispose en son dernier alinéa que : « le magistrat du siège est inamovible. Il ne peut être déplacé que par une nomination nouvelle ou à sa demande ou par rotation motivée décidée par le Conseil supérieur de la Magistrature ».

En RDC par exemple, le premier président de la Haute Cour Militaire Nawele Mukhongo a été révoqué en 2006 dans les conditions peu respectueuses de la loi. Il semble que cette révocation ait été liée à l'acquittement, par le tribunal militaire de garnison de Kinshasa-Gombe, de Maître Marie Thérèse Nlandu, l'une des candidates de l'opposition à la dernière présidentielle, poursuivie du chef de participation à un

[67] NGOMA KHUABI C., *Op.cit*, p.65.
[68] NGOMA KHUABI C., *Op.cit*, p.65.

mouvement insurrectionnel. Un rapport des Nations-Unies affirme qu'on aurait reproché au Général président, de n'avoir pas bien « encadré » le président de ce tribunal militaire, Mbokolo, alors son directeur de cabinet.

Cette thèse semble se confirmer par le fait que, Monsieur Mbokolo et Monsieur Kakwende, un autre magistrat militaire proche du Général Nawele ont été, dans les mêmes circonstances mutés à l'intérieur du pays. N'ayant pas rejoint leurs lieux d'affectation respectifs, ils ont fait l'objet des poursuites pour refus d'obéissance[69].

Dans un autre rapport des Nations- Unies, l'expert note que :

«Dans plusieurs procès pour crimes graves, les magistrats ayant entamé des actions ou pris des décisions défavorables à un membre du commandement militaire ont été déplacés et que, suite à ce déplacement, les décisions prises par leur successeur ont abouti à l'acquittement de l'accusé. Dans des nombreux cas, les commandements militaire et de la Police ne remettent pas aux magistrats les militaires ou les policiers inculpés en expliquant parfois qu'ils sont soutenus par la capitale (...)». Les magistrats décrivent une situation intenable dans laquelle il est souvent impossible de travailler[70].

2.1.3. Dysfonctionnement du Conseil Supérieur de la Magistrature

Balingene Kahombo et al[71] affirment que le CSM est caractérisé par un dysfonctionnement de son administration qui ne tient pas à jour les dossiers personnels des magistrats. De même, les promotions en grades ne suivent presque plus les critères consacrés par la loi portant statut de magistrats.

De nombreux magistrats occupent leurs postes depuis plusieurs années tandis que d'autres, à peine nommés à un poste, connaissent très vite une série de promotions. On trouve ainsi des substituts du Procureur de la République, grade de recrutement dans la magistrature, qui occupent ce poste depuis vingt ans alors même que leurs collègues, recrutés le même jour, sont déjà à la Cour suprême de justice ou au Parquet général de la République, à la suite de plusieurs « enjambements », c'est-à-dire des avancements en grade brûlant les étapes. Ceci s'explique par le fait que le CSM ne publie pas les résolutions de l'Assemblée générale au motif que l'on réserve le primaire desdites résolutions au Président de la République, membre du pouvoir exécutif, sans fondement constitutionnel, légal ou règlementaire. Ceci entraine que les résolutions de l'Assemblée générale ne soient pas exécutées. L'absence de l'autonomie financière du

---

[69] NGOMA KHUABI C., *Op.cit*, p.65.
[70] *Ibidem*
[71] BALINGENE KAHOMBO et al, *Op.cit*, pp.126-127.

pouvoir judiciaire et l'instabilité des hauts magistrats du pays sont les facteurs principaux du dysfonctionnement du CSM.

A ce dysfonctionnement, s'ajoute l'impact de la loi n° 11/002 du 20 janvier 2011 portant révision de certains articles de la constitution de la République Démocratique du Congo sur l'organisation et le fonctionnement du Conseil supérieur de la magistrature.[72]

L'article 149 de la Constitution est dorénavant ainsi libellé :

« *Le pouvoir judiciaire est indépendant du pouvoir législatif et du pouvoir exécutif.*

Il est dévolu aux Cours et Tribunaux qui sont : la Cour constitutionnelle, la Cour de cassation, le Conseil d'Etat, la Haute Cour militaire, les cours et tribunaux civils et militaires.

La justice est rendue sur l'ensemble du territoire national au nom du peuple.

Les arrêts et les jugements ainsi que les ordonnances des Cours et tribunaux sont exécutés au nom du Président de la République.

Il ne peut être créé des Tribunaux extraordinaires ou d'exception sous quelque dénomination que ce soit.

La loi peut créer des juridictions spécialisées.

Le pouvoir judiciaire dispose d'un budget élaboré par le Conseil supérieur de la magistrature et transmis au Gouvernement pour être inscrit dans le budget général de l'Etat. Le Premier Président de la Cour de cassation en est l'ordonnateur. Il est assisté par le Secrétariat permanent du Conseil supérieur de la magistrature ».

C'est donc la dernière partie de l'alinéa 2ème de cet article qui a ainsi été enlevée. En effet, dans sa version non révisée cet alinéa disposait que le pouvoir judiciaire «*est dévolu aux Cours et Tribunaux qui sont : la Cour constitutionnelle, la Cour de cassation, le Conseil d'Etat, la Haute Cour militaire, les cours et tribunaux civils et militaires* ***ainsi que les parquets rattachés à ces juridictions*** ».

[72] MUTONWA KALOMBE J-M., « De l'organisation, du fonctionnement et des compétences du conseil supérieur de la magistrature en République Démocratique du Congo », in *Librairie d'Etudes Juridiques Africaines, Vol 8, November 2011, pp.13-14.*

L'on se questionne dès lors sur le fait de savoir si les magistrats du Parquet continuent à faire partie du pouvoir judiciaire lequel est désormais exclusivement constitué de seuls Cours et tribunaux.

Le législateur explique cette situation en arguant que l'amendement introduit à cet article 149 consiste en la suppression du Parquet dans l'énumération des titulaires du pouvoir judiciaire. Celui-ci est dévolu aux seuls cours et tribunaux. Cet amendement remet en harmonie l'article 149 avec les articles 150 et 151 qui proclament l'indépendance du seul magistrat du siège dans sa mission de dire le droit ainsi que de son inamovibilité.

Plusieurs conséquences peuvent être tirées de cette révision de l'article 149 ; d'abord et plutôt que de justifier une quelconque mise en harmonie de certains articles, il abandonne, sans précision aucune le Parquet quant à sa nature : devient-il composante de l'exécutif une nouvelle structure dont la nature reste à définir ? En tout le législateur s'abstient comme volontairement de le préciser. Reste qu'entre indépendance et inamovibilité il y a tout de même un écart considérable et nous l'avons précisé.

Ensuite, le législateur ne semble pas mesurer l'importance des implications de cet amendement sur certaines autres dispositions qui, comme celles de l'article 152 relatives à l'organisation du Conseil Supérieur de la Magistrature, font de certains magistrats du Parquet membres de cet organe de gestion du pouvoir judiciaire. Devrait-on tirer la conclusion que parce relevant du Parquet, et que parce que celui-ci ne participe plus du judiciaire, ceux des magistrats de cet ordre ne doivent plus faire partie d'un organe de gestion d'un pouvoir duquel ils sont constitutionnellement exclus ? Résolument, le bon sens exigerait que des précisions de droit soient au plus urgent apportées sur toutes interrogations.

2.1.4. Problème de rémunération et environnement de travail du personnel de la justice

a) Problème de rémunération des magistrats et autres personnels de la justice en RDC

La situation financière et matérielle même des magistrats ne leur épargne pas d'éventuelles pressions. Ils reçoivent une rémunération souvent très faible pour la fonction qu'ils occupent, même si l'on note, dans certains pays, un effort des pouvoirs publics pour améliorer leur situation. La faible rémunération des magistrats en Afrique les met dans une situation de précarité telle qu'ils jouissent de moins en moins de la «

notabilité » auprès de ceux qui les saisiraient éventuellement pour rendre la justice ou de ceux qu'ils auraient condamnés.[73]

En RDC, le régime autoritaire de Mobutu avait laissé derrière lui un système judiciaire en perte de vitesse et de toute confiance vis-à-vis de la population Congolaise. Les effets de la guerre ont été d'une ampleur sans pareilles sur le système lui-même. D'autre part, la situation sociale des animateurs de la justice, les magistrats, était catastrophique car abandonnés à leur triste sort. Nul ne saurait, en effet, s'imaginer la justice sans des magistrats payés ou avec des magistrats payés au rabais. Comment penser qu'un magistrat peut rétablir un équilibre social quand lui-même vit dans la misère, avec une rémunération qui, si elle était proposée sous d'autres cieux serait considérer comme une moquerie et, pire encore, une provocation du gouvernement vis-à-vis des professionnels de la justice?[74]

b) Conditions de travail des agents judiciaires

Les conditions de travail des agents des tribunaux sont généralement mauvaises[75]. Là où elles existent, surtout dans les milieux urbains, les infrastructures sont soit insuffisantes, soit dans un état de délabrement avancé. Au cours des années 2003-2004, grâce au concours de l'Union européenne, certains immeubles abritant des palais de justice ont pu être restaurés. Près de dix ans plus tard, la situation s'est dégradée, notamment à cause des déficiences criantes en matière de maintenance.

Certains palais de justice sont dépourvus d'espace de bureau et on peut y voir des greffiers en train de travailler dans le couloir. Dans de nombreux cas également, les palais de justice ne sont pas équipées en mobilier et les agents des tribunaux doivent acheter leur propre mobilier ou à utiliser du mobilier faisant partie des biens saisis sur décision judiciaire.

En principe les tribunaux reçoivent mensuellement du budget du pouvoir judiciaire une subvention pour couvrir les frais nécessaires à leur fonctionnement dont le montant est déterminé à l'avance au cours de l'élaboration du budget. Cependant ces frais de fonctionnement ne parviennent presque jamais aux tribunaux, sinon alors de façon très irrégulière. Pour faire fonctionner la machine judiciaire les agents des

---

[73] BADARA FALL A., *Op.cit,* p. 66.
[74] KIHANGI BINDU K. et IRENGE BALEMIRWE V., *Op.cit,* p. 138.
[75] MUKADI BONYI et coll., *Cinquante ans de législation post coloniale au Congo-Zaïre : quel bilan ?*, Bruxelles, Ed. CRDC, 2010, pp. 600-602.

tribunaux recourent donc au rançonnement des justiciables sous forme de prélèvement des frais illégaux sur la prestation des services[76].

c) Conditions matérielles et équipements

Depuis son accession à l'indépendance en 1960, il y a près de cinquante ans, la RDC n'a érigé aucun nouveau palais de justice. Les quelques nouvelles infrastructures judiciaires qu'on peut identifier sont plutôt le fait des partenaires en développement. Selon Emmanuel Altit, membre de l'équipe des consultants qui ont réalisé l'audit sur le secteur de la justice en 2004, la construction de la plupart des édifices qui abritent les cours, tribunaux et parquets remonte aux années 1920. Seule exception à cette règle, les édifices abritant les juridictions de Mbandaka, érigés à la veille de l'indépendance en 1958. A l'exception de celles qui ont bénéficié d'une réhabilitation par les partenaires en développement, les infrastructures judiciaires se trouvent dans un état de délabrement très avancé.[77]

Toute aussi précaire est la situation des juridictions et offices qui ne disposent pas des infrastructures de l'Etat. Ils sont alors obligés de louer les édifices des particuliers et sont constamment exposés au déguerpissement du fait du manque de paiement du loyer. Tel a été le cas, il y a quelques années, du tribunal de grande instance de Kalamu à Kinshasa, la capitale du pays.

Outre les infrastructures, les cours, tribunaux et parquets ont également besoin d'importants moyens logistiques et matériels. C'est ce que le PNUD constate en ces termes : « *L'administration de la justice nécessité une consommation importante des fournitures de bureau et des imprimés*». Comme nous l'avons déjà relevé plus haut, faute de frais de fonctionnement, ces moyens font cruellement défaut.

2.1.5. Surpopulation carcérale dans les prisons

D'après nos observations, il ne fait l'ombre d'aucun doute que le système pénal congolais trop répressif hérité de la colonisation serait la cause principale de la surpopulation carcérale. A cela s'ajoute aussi la lenteur dans le traitement des dossiers des détenus mis en détention préventive notamment pour cause de la carence des magistrats dans certains milieux éloignés. A cette cause principale, s'ajouterai le nombre insuffisant des prisons militaires et civils sur l'ensemble du pays permettant de séparer les civils et militaires placés en incarcération, vivant ainsi dans des pires formes

[76] MVIOKI BABUTANA, « Le système judiciaire congolais : état des lieux et perspectives d'avenir », in P. MABIALA MANTUBA-NGOMA, THEODOR HANF et SCHLEE B., *La République démocratique du Congo : une démocratisation au bout du fusil*, Kinshasa, Publications de la Fondation Konrad Adenauer, 2006, pp. 179-180.
[77] MVIOKI BABUTANA, *Op.cit*, pp. 179-180.

de traitement inhumains (promiscuité, manque de toilette, de nourriture, etc). Cette situation montre bien évidemment un défi majeur pour la réforme de notre système judiciaire, plus précisément de notre système pénal. Au dernier chapitre de notre étude, nous formulerons des pistes des solutions dans cet axe de réforme pour une justice efficace, efficiente et performante.

Nos arguments sont soutenus par les études des auteurs et rapports que nous illustrons dans cette partie de l'étude.

En effet, Beghin J., note que la surpopulation carcérale est un problème récurrent auquel sont confrontés de nombreux établissements pénitentiaires en RD Congo comme dans bien d'autres Etats de la planète. Elle génère des conditions de vie inhumaines pour les détenus en créant une promiscuité entre eux et en facilitant la propagation de maladies en prison. En outre, elle crée un mauvais environnement de travail pour le personnel pénitentiaire1.[78]

Charles Kakule Kinombe[79] ajoute que le système pénitentiaire congolais fait face à divers problèmes, en l'occurrence, les mauvaises conditions de détention (manque de nourriture, de soins médicaux, literie, logement, etc.), l'absence de séparation des détenus, la vétusté des infrastructures pénitentiaires, l'absence de formation des agents pénitentiaires, l'absence des statistiques pénitentiaires, l'absence de contrôle des procédures disciplinaires, une surreprésentation des prévenus en détention préventive, la vétusté des textes régissant les établissements pénitentiaires et la surpopulation carcérale. Ces mauvaises conditions de détention violent l'article 18, alinéa dernier de la constitution de la RD Congo du 18 février 2006 telle que révisée par la loi n° 11/002 du 20 janvier 2011 qui dispose « Tout détenu doit bénéficier d'un traitement qui préserve sa vie, sa santé physique et mentale ainsi que sa dignité ». Elles contredisent aussi les règles minima des Nations Unies sur le traitement des détenus. Suite à ces mauvaises conditions de détention, d'aucuns n'hésitent pas à considérer les prisons congolaises comme « des mouroirs ».

Charles Kakule Kinombe renchérit que, selon le rapport de l'Avocat Sans Frontière de 2015, les estimations renseigne qu'environ 22.000 personnes sont écrouées en RD Congo, parmi lesquelles 82 % seraient en détention préventive. « Les conditions de détention des prisonniers sont rendues extrêmement difficiles par le dépassement des capacités d'accueil et se situent bien en-deçà des standards minima

[78] BEGHIN J., « La prison : Absence de politique(s). Morcellement des connaissances », in Mary P. (dir.), *Le système pénal en Belgique, Bilan critique des connaissances*, Bruylant, Bruxelles, 2002, pp.211-215.
[79] KAKULE KINOMBE C., « La surpopulation carcérale dans les prisons congolaises : causes, effets et pistes de solution », dans *Librairie Africaine d'Etudes Juridiques*, n°3, 2016, p.604.

en la matière. Les taux de surpopulation carcérale dans les prisons du pays sont alarmants et peuvent atteindre 400 %, comme à la prison de Makala à Kinshasa ».

Tableau n°3 : Nombre d'Etablissements Pénitentiaires et nombre d'Etablissements de Garde et d'Education de l'Etat par province en 2015

Province	Etablissement pénitencier	Pourcentage %	d'Etablissements de Garde et d'Education de l'Etat	Pourcentage %
Kinshasa	2	0.9	1	20
Bas-Congo	12	5.8	1	20
Bandundu	22	10.7		0
Equateur	34	16.5		0
Province orientale	38	18.5	1	20
Nord Kivu	12	5.8	2	40
Maniema	18	8.7		0
Sud Kivu	10	4.8		0
Katanga	28	13.6		0
Kasaï oriental	17	8.2		0
Kasaï occidental	12	5.8		0
Total	205	100	5	100

Source : Adapté par nous à partir de rapport de l'Institut National de la Statistique publié en 2020

Commentaire : Ce tableau nous renseigne que sur l'ancienne configuration des provinces, le nombre d'établissement de garde et d'éducation de l'Etat n'était que de 5 et localisé seulement à Kinshasa, au Bas-Congo, en Province Orientale et au Nord Kivu. Les autres provinces sont dépourvues de cet établissement.

Concernant les établissements pénitenciers, nous avons enregistré un pourcentage élevé en Province Orientale (18.5%), à l'Equateur (16.5%), au Katanga (13.6%) et au Bandundu (10.7%) et au Maniema et Kasaï Oriental (8%). Cependant, le taux est faible dans les provinces ci-après : Kinshasa (0.9%), Sud Kivu (4.8%), Bas-Congo, Nord Kivu et Kasaï Occidental (5%).

Tableau n°4 : Effectifs de la population carcérale par province en 2015[80]

Province	Effectifs	Total effectif	Pourcentage %
Kinshasa	7 268	18 712	38.8
Bas-Congo	570		3.0
Bandundu	320		1.7
Equateur	210		1.1
Province orientale	2 960		15.8
Nord Kivu	1 743		9.3
Maniema	402		2.1
Sud Kivu	1 336		7.1
Katanga	2 823		15.0
Kasaï oriental	650		3.4
Kasaï occidental	430		2.2

Source : Adapté par nous à partir de rapport de l'Institut National de la Statistique publié en 2020

Commentaire : Il ressort de l'analyse de ce tableau que durant l'année 2015, nous avons enregistré un total de 18712 prisonniers sur les 11 provinces. Le taux élevé de population carcérale était localisé dans la province de Kinshasa (38.8%), puis en Province Orientale et Katanga (15%), suivi de la province du Nord Kivu (9.3%) et Sud Kivu (7.1%). Le taux bas de la population carcérale a été observé dans les provinces de l'Equateur (1.1. %) et Bandundu (1.7%).

S'agissant des causes de la surpopulation carcérale, en ce qui concerne la RD Congo, la surpopulation carcérale est due à trois facteurs ci-après : le recours abusif à la détention préventive, l'augmentation du nombre des détenus particulièrement militaires et l'insuffisance du nombre de lieux de détention et la diminution d'octroi des libérations conditionnelles aux condamnés, des libertés provisoires aux inculpés et la sous-utilisation du mécanisme de condamnation avec sursis[81].

a) Le recours abusif à la détention préventive

La principale cause de la surpopulation carcérale en RD Congo est l'allongement de la durée des détentions préventives. La durée, anormalement longue de la détention est certainement la cause la plus importante de la surpopulation carcérale en RD Congo[82]. Des milliers de détenus peuvent rester des mois, une année ou plus en détention avant d'être mis en liberté ou jugés. Ceci contredit le principe

[80] Institut National de la Statistique, *Annuaire statistique RDC 2020,* Kinshasa, Mars 2021, p.186.
[81] KAKULE KINOMBE C., *Op.cit,* pp. 606-611.
[82] MONUC, *Rapport sur la détention dans les prisons et cachots de la RDC,* 2004, p. 17

constitutionnel « la liberté est la règle, la détention l'exception »[83] et viole le droit d'être jugé dans un délai raisonnable[84].

En RD Congo, le recours à la détention préventive semble être la règle pour les magistrats or, en vertu du droit national, cela devrait être l'exception, comme mentionné précédemment.[85]

Il convient de souligner aussi que dans certains coins de la RD Congo, il s'observe une carence des magistrats, ce qui les empêche de siéger en matière pénale faute de quorum. Cette lacune en personnel affecte fortement l'administration de la justice et occasionne de grands retards dans le traitement des personnes placées en détention préventive dont la durée s'allonge exagérément.[86]

b) L'augmentation du nombre des détenus particulièrement militaires et l'insuffisance du nombre de lieux de détention

Suite aux guerres récurrentes qu'a connues la RD Congo, un nombre important des militaires condamnés par la justice militaire se retrouvent en prison. Normalement ces derniers devraient être gardés dans les prions militaires. Mais, suite à l'insuffisance de celles-ci, ces détenus sont gardés dans les mêmes prisons que les civils.

L'article 363 de la loi n°023/2002 du 18 novembre 2002 portant code judiciaire militaire dispose qu': « il est créé des prisons militaires sur toute l'étendue de la République. Leur organisation et leur fonctionnement sont déterminés par voie réglementaire » [87].

Il est déplorable de noter que la RD Congo, pays aux conflits armés multiples, ne compte que quelques prisons militaires, en l'occurrence la prison de Ndolo située au Centre-ville de Kinshasa, la prison d'Angenga et la prison militaire de Mbandaka dans la province de l'Equateur. La prison de Bulambembe au Bas-Congo n'est pas opérationnelle suite à la vétusté et au manque d'entretien des bâtiments[88].

L'insuffisance des prisons militaires a entrainé le transfert des détenus militaires vers les prisons civiles. Ce qui contribue pour beaucoup à leur surpeuplement. Il n'existe pas toutefois, dans ces prisons civiles, de séparation entre

[83] Article 17, alinéa 1er de la Constitution du 18 février 2006.
[84] Article 19 alinéa 2 de la Constitution précitée; Article 7 alinéa 1er de la Charte africaine des droits de l'homme et des peuples.
[85] KAKULE KINOMBE C., *Op.cit*, pp. 606-611.
[86] Ibidem, pp. 606-611.
[87] Loi n°023/2002 du 18 novembre 2002 portant *Code judiciaire militaire*, J.O, Kinshasa, Numéro Spécial, 20 mars 2003.
[88] KAKULE KINOMBE C., *Op.cit*, pp. 606-611.

catégories de détenus civils et militaires, ce qui expose les premiers aux pressions des seconds[89].

Selon les informations officielles du gouvernement congolais, la RD Congo compte actuellement 120 prisons (civiles et militaires). La plupart de ces établissements sont en état de vétusté et de délabrement avancé et datent de l'époque coloniale. En réalité, seulement 76 sont opérationnelles, comme l'indique le rapport général des états généraux de la justice en RDC [90].

c) La diminution d'octroi des libérations conditionnelles aux condamnés, des libertés provisoires aux inculpés et la sous-utilisation du mécanisme de condamnation avec sursis[91]

La procédure de libération conditionnelle et celle de liberté provisoire sont sous-utilisées en République démocratique du Congo faute de moyens pour les condamnés ou les inculpés de payer le cautionnement. Suite à l'indigence, il n'est pas rare de trouver des détenus ayant obtenu la liberté provisoire ou la libération conditionnelle qui croupissent toujours en prison car ils n'ont pas pu s'acquitter du cautionnement.

Dans certaines prisons congolaises, on retrouve des détenus qui, normalement, devraient bénéficier du mécanisme de condamnation avec sursis. Ces détenus ont été condamnés à une peine inférieure ou égale à une année et n'ont jamais fait l'objet d'une condamnation même d'un jour dans le passé. Au regard de la loi, ils devraient être condamnés avec sursis. Mais les autorités judiciaires ont décidé de les mettre en prison. Ce qui contribue, dans une certaine mesure, au surpeuplement carcéral.

2.1.6. Problème d'exécution des décisions judiciaires par les juridictions

Selon la Commission africaine des droits de l'homme et des peuples, le droit d'être entendu garanti par l'article 7 de la Charte africaine des droits de l'homme et des peuples comprend le droit à l'exécution d'un jugement et « *l'exécution d'un jugement définitif rendu par tout tribunal ou cour de justice doit être considéré comme faisant partie intégrante du « droit d'être entendu » protégé par l'article 7*»[92].

Cependant, ce droit est régulièrement violé en RDC et les décisions judiciaires sont rarement exécutées. Selon Luhonge Kabinda Ngoy, alors Procureur général de la

[89] *Ibidem*
[90] *Ibidem*
[91] *Ibidem*
[92] KIFWABALA TEKILAZAYA et al, *Op.cit*, p. 135.

République, au cours de l'année judiciaire 1997-1998, le taux d'exécution des décisions judiciaires du Tribunal de grande instance de Kinshasa/Gombe était de l'ordre de six pourcent. Autrement dit, sur les 2355 affaires enrôlées par le greffe de cette juridiction, seules 142 avaient réussi à faire l'objet des décisions judiciaires exécutées. Dix ans plus tard, au cours de l'année 2003, pendant la période allant du mois de janvier à celui de novembre, le Programme des nations unies pour le développement (PNUD) avait évalué le taux d'exécution des décisions judiciaires à quatre pourcent[93].

Au moins trois facteurs expliquent le taux bas d'exécution des décisions de justice : l'obligation du paiement préalable du « droit proportionnel » avant une quelconque exécution d'une décision de condamnation en matière civile et commerciale ; l'opposition à l'exécution forcée des décisions de condamnation de l'Etat et des entreprises publiques au paiement des dommages-intérêts ; et la suspension administrative de l'exécution des décisions judiciaires.

Selon le Code de procédure civile, l'exécution forcée d'une décision judiciaire ne peut avoir lieu qu'à la condition du paiement préalable d'un « droit proportionnel » fixé à 6 pourcent de toutes sommes ou valeurs mobilières que la décision judiciaire a allouées à la partie qui en demande l'exécution[94]. Le défaut d'un tel payement est très fréquent, ce qui contribue à l'inexécution des décisions de justice. La suspension de l'exécution des décisions judiciaires, une des manifestations les plus flagrantes du mépris du droit qu'affichent les gouvernements en RDC, est un autre facteur du taux bas de l'exécution des décisions judiciaires. Pratique courante, elle ne repose sur aucune base juridique. Au contraire, elle porte gravement entorse au principe de l'indépendance du pouvoir judiciaire.

Section 2 : DÉFIS RELATIFS À L'APPLICATION DE LA RÉFORME DE LA JUSTICE CONGOLAISE

Dans cette section, nous abordons les défis relatifs à l'application de la réforme de la justice en RDC.

2.2.1. Problématique du financement des reformes du secteur de la justice

L'une des causes majeures des disfonctionnements du pouvoir judiciaire congolais est sans conteste la modicité des moyens financiers qui y sont affectés. La

[93] PNUD, *Rapport national sur le développement humain*, Kinshasa, 2008, p. 51.
[94] Articles 152 et 157 du décret du 7 mars 1960 portant *Code de procédure civile*.

Constitution du 18 février 2006 consacre l'autonomie financière ou budgétaire du pouvoir judiciaire à son article 152.

Mvioki Babutana J.,[95] ajoute que désormais, c'est au Conseil supérieur de la magistrature (CSM) qu'il revient d'élaborer et exécuter le budget du pouvoir judiciaire. Dans le passé, ces attributions étaient dévolues au ministère de la justice. Abusant de son pouvoir, celui-ci les a utilisées comme un instrument pour soumettre le pouvoir judiciaire en général et les magistrats en particulier à sa volonté. La notion de budget des investissements du pouvoir judicaire n'avait aucune consistance. Lorsque des lignes budgétaires y relatives étaient prévues, les fonds y affectés prenaient une destination que les ministres de la justice successifs étaient les seuls à connaître.

Kifwabala et al expliquent notamment que les organes compétents en matière de contrôle budgétaire, le Parlement, la Cour des comptes et l'Inspection générale des finances, ne jouaient à ce sujet qu'un rôle de figuration. Ce qui était vrai pour le budget des investissements l'était également pour le budget de fonctionnement. C'est depuis longtemps, en effet, que la justice congolaise ne reçoit pas de frais de fonctionnement. Si elle fonctionne malgré tout, c'est plutôt par des moyens très peu recommandables pour la plupart. A titre d'exemple, les frais légaux de justice sont surévalués. Comme si cela ne suffisait pas, les justiciables sont en plus contraints de payer de nombreux autres frais illégaux. Quant au budget des rémunérations du pouvoir judiciaire, si à la différence des autres, il est exécuté en dépit des retards enregistrés de temps en temps en la matière, sa modicité devrait être soulignée.[96]

Tout compte fait, l'Etat congolais a choisi de démissionner de ses responsabilités en matière de prise en charge financière du pouvoir judicaire. Au cours des exercices fiscaux 2005 et 2006, la part du budget de l'Etat allouée à celui-ci était évalué à 0, 6 pourcent. A titre de comparaison, pendant la même période, le budget de la présidence de la République représentait le triple de ce budget. Une année plus tard, la part du budget national allouée au secteur de la justice était relevée à 0,75 pourcent[97].

Le ministère de la Justice avance des chiffres différents. D'après les informations affichées sur son site, le budget alloué au secteur de la justice pour l'exercice fiscal 2008 s'élevait à 17.931.075.540 Fc (soit 19.704,61$), ce qui représentait 9 pourcent des 1.781.415.163.097 Fc (1.903.220.000$) du budget global de l'Etat. Comparé au budget des années antérieures, ce budget représentait, toujours

---

[95] MVIOKI BABUTANA J., « Le système judiciaire congolais : état des lieux et perspectives d'avenir », in P. MABIALA MANTUBA NGOMA, THEODOR HANF et SCHLEE, *La République démocratique du Congo : une démocratie au bout du fusil*, Kinshasa, Ed. Fondation Konrad Adenauer, 2006, pp. 185-186.
[96] KIFWABALA et Ali, *Op.cit*, pp.56-58.
[97] *Ibidem*

d'après le ministère, un accroissement de l'ordre de 49,8 pourcent. Il était également supérieur à la moyenne mondiale qui oscille entre 2 à 6 pourcent selon les Etats. Bien qu'un tel accroissement représenterait un effort sans précédent, ce budget demeurait néanmoins insuffisant au regard des besoins réels dans le secteur de la justice congolaise. Les dépenses par fonction étaient alors réparties comme suit dans ce budget:[98]

- Justice et tribunaux : 24.250.843.188 FC (soit 26.649.278,22$)
- Prisons : 223.786.431 FC (soit 243.919,15$)

Ce budget allouait à la Direction d'Etudes et planification du ministère de la Justice, un crédit de 12.160.062 FC (13.362,70$) au titre de dépenses de fonctionnement réparties comme suit :[99]

- 4.964.282 FC (5.455,25$) pour les primes, gratifications et indemnités non permanents (motivation) ;
- 2.482.140 FC (2.727,62$) pour les fournitures et petit matériel de bureau ;
- 1.598.365 FC (1.756,44$) pour le titre de voyage à l'intérieur ;
- 758.455 FC (833,46$) pour entretien et réparation des mobiliers et matériels de bureau ;
- 2.356.820 FC (2.589,91$) pour les frais de mission à l'intérieur.

Pour l'exercice 2009, le budget du pouvoir judiciaire était évalué à 8,25% du budget global de l'Etat. Comme celui de 2008, il représentait un effort considérable comme fraction du budget général de l'Etat, mais en termes réels se plaçait toujours bien en-deçà des besoins du secteur[100].

Ces chiffres officiels sont néanmoins disputés par les organisations de la société civile qui mettent en cause leur crédibilité. Selon l'ASADHO et d'autres organisations, « le ministère de la Justice s'est (…) vu attribuer seulement 0, 1 pourcent des dépenses gouvernementales en 2011, et son budget aurait chuté de 47 pourcent de 2007 à 2009 ». Une telle chute a laissé aux acteurs internationaux (« partenaires en développement ») la charge de financer une partie importante des besoins de la justice, la faisant passer pour une véritable justice sous perfusion, alors que pour une autre partie des besoins, la justice congolaise survit par des moyens pour le moins illégaux.

---

[98] KIFWABALA et Ali, *Op.cit,* pp. 56-58.
[99] KIFWABALA et Ali, *Op.cit,* pp. 56-58.
[100] *Ibidem*

Pour l'année 2010, le budget proposé par le Conseil supérieur de la magistrature se présente comme suit:[101]

- v En recette : 8.283.267.747 FC (9.102.492,02$) ;
- v En rémunérations : 102.638.773.040,00 FC (112.789.860$) – un accroissement de 313,30% de 313,30% par rapport au budget 2009 ;
- v En frais de fonctionnement : 41.681.209.098,00 FC (45803.526, 48$) – un accroissement de 1.025,69% par rapport au budget 2009.

En outre en matière de financement de la réforme, poursuit-il, par exemple, l'investissement financier du Gouvernement en faveur de la réforme est en deçà des attentes. Il y a également absence de coordination des différentes interventions extérieures dans le secteur de la justice et l'absence de leur alignement sur les priorités identifiées par le Gouvernement.

En ce qui les concerne, les bailleurs de fond ne tiennent pas toujours leurs engagements en faveur de la réforme. Les fonds par eux promis ne sont pas toujours disponibles dans les délais convenus.

3.2.2. Manque de management efficace des réformes antérieures

L'étude avance la thèse selon laquelle la réussite d'une réforme administrative dans le secteur de la justice ou autres secteur dépend d'un bon management à savoir la bonne planification des objectifs à atteindre, des ressources humaines, matérielles et financières, la bonne organisation des structures de pilotage de la réforme, un bon leadership pour impulser lesdites réformes, un contrôle avec les outils de gestion adaptés et suivi avec les indicateurs de performances. Sans mettre en pratique ces préalables, les réformes sont vouées à l'échec pour l'inobservation de l'une des conditions préalables que nous jugeons indispensables.

Force est de constater que les diverses réformes dans le secteur judiciaires dans notre pays n'ont pas atteint les résultats escomptés pour manque d'un management efficace.

Tenez par exemple, les déficits d'implantation des juridictions spécialisées (Tribunal de commerce, Tribunal pour enfants, Tribunal de Travail) dans les nouvelles provinces dont notamment le Haut-Uélé prouve à suffisance le manque d'un management efficace puisqu'il aurait fallu avant tout, étape par étape, pourvoir ces nouvelles provinces des nouvelles infrastructures, équipements, recrutement et

---

101 KIFWABALA et Ali, *Op.cit,* pp. 56-58.

formation des ressources humaines, allouer un budget de fonctionnement et, par la suite, décider d'implémenter la réforme par voie législative. Agir autrement comme le cas dans notre pays, c'est comme un architecte qui commence à construire le bâtiment en commençant par la toiture, sans au préalable placer une fondation.

Pour illustration, dans la ville d'Isiro, l'unique salle d'audience du Tribunal de Grande Instance d'Isiro sert aussi pour les audiences de la Cour d'Appel et les quelques bureaux du Parquet près le Tribunal de Grande Instance d'Isiro est partagé avec le Parquet près la Cour d'Appel pour manque d'infrastructure.

Certaine doctrine épouse notre réflexion sur la manque de management public dans la mise ne œuvre des réformes judiciaires dans notre pays. Nous l'analysons dans les lignes qui suivent.

En effet, selon Kifwabala et ali[102], le secteur judiciaire est profondément miné par une très faible capacité de planification due en partie à la faiblesse des moyens financiers et à l'absence de participation du personnel judiciaire à la définition des priorités.

Aussi, note-il, les faiblesses évidentes en planification dans le secteur de la justice ont motivé la réalisation en 2004 d'un « audit organisationnel du système de la justice » à l'initiative de l'Union européenne.

Ayant ensuite initié et piloté les discussions sur les réformes proposées par l'audit en novembre 2004, les partenaires en développement se sont naturellement imposés comme principal acteur de la planification des étapes de reconstruction de la justice identifiées dans le rapport d'audit, face à un Etat dont les capacités institutionnelles avaient été profondément affaiblies au cours des conflits armés successifs depuis 1996.

3.2.3. Problème d'implantation des juridictions judiciaires issue des reformes dans les nouvelles provinces

Nous pensons que la bonne administration de la justice a comme impératif de rapprocher la justice des justiciables de sorte que chaque citoyen soit à même de saisir son juge naturel en cas de différend. Cela implique donc que les Cours, Tribunaux et parquets puisent être installés sur toute l'étendue du territoire national. Au cas

[102] KIFWABALA et Ali, *Op.cit,* p. 51.

contraire, l'accès à la justice constituerai donc un blocage à la protection des droits et libertés des citoyens.

En République Démocratique du Congo, nous observons et constatons que l'installation des Cours et Tribunaux n'est pas effectif sur l'ensemble du pays. En prenant pour échantillon la province du Haut-Uélé, force est de constater que les juridictions suivantes ne sont pas installées dans ladite province, quand bien même que d'autres juridictions non spécialisées remplissent de « *lege lata* » certaines compétences des juridictions spéciales en attendant leurs installations, alors que de « *lege ferenda* », ce sont les juridictions spécialisées comme le Tribunal de commerce à qui est dévolue la compétence en matière commerciale, le Tribunal de Travail pour les matières ou contentieux de travail et le Tribunal pour enfants, les matières de la protection pénale et spéciale. Il s'agit notamment de cas Tribunaux de commerce, Tribunal de travail et le Tribunal pour enfants.

En effet, le Tribunal de Grande Instance d'Isiro fait office du Tribunal de commerce et du Tribunal de Travail en attendant leurs installations. Plus remarquant, les matières de la compétence du Tribunal pour enfants sont aussi traitées en premier ressort par ce Tribunal de Grande Instance, pour manque non seulement de l'effectivité du Tribunal de Paix de Rungu et de l'absence d'installation du Tribunal pour enfants. Cette situation a comme conséquence le cumul des fonctions et tâches des magistrats du Tribunal de Grande Instance d'Isiro, et risque d'impacter négativement leurs performances.

Signalons que cette situation n'est que la partie visible de l'iceberg prouvant la problématique de l'accès à la justice dans la province du Haut-Uélé. La situation relative au manque d'implantation des juridictions judiciaire n'est pas un cas isolé de la province du Haut-Uélé, mais un problème qui se pose avec acquitté, bien qu'en des proportions différentes sur l'ensemble du pays.

Nos propos sont corroborés par les études antérieures en cette matière que nous démontrons dans les lignes qui suivront.

Balingene Kahombo et ali[103] affirment que la répartition des cours, tribunaux et parquets en RDC obéit au *principe territorial*. Cela signifie qu'elle suit le mode d'organisation de l'administration territoriale du pays. Il s'en suit les constatations suivantes:

---

[103] BALINGENE KAHOMBO et Ali, « Rapport initial sur la gouvernance judiciaire et le progrès vers l'instauration de l'Etat de droit en République Démocratique du Congo » dans *Droit en Afrique*, n°18, 2015, pp. 104-105.

- les trois plus hautes juridictions du pays et les parquets qui leur sont rattachés ont chacun comme ressort l'ensemble du territoire national : Cour constitutionnelle, Cour de cassation, Conseil d'Etat (non installé) et Haute Cour militaire;
- il existe une cour d'appel par province concernant les juridictions de l'ordre judiciaire (de droit commun) et les juridictions militaires : cours d'appel et cours militaires (excepté les cours militaires opérationnelles qui sont circonstancielles). La ville de Kinshasa dispose même de deux cours d'appel (de droit commun) : celle de Matete et celle de Gombe. Cette logique de répartition judiciaire devrait s'appliquer aussi aux juridictions de l'ordre administratif;
- les tribunaux de grande instance et les tribunaux de paix fonctionnent au sein des villes, communes et territoires du pays. En règle générale, les tribunaux du travail, les tribunaux de commerce et les tribunaux pour enfants suivent le même sort.

L'auteur poursuit en disant que cette installation attendue pose deux grands défis à l'Etat : la mobilisation du financement de ces réformes judiciaires (notamment la mise en place des infrastructures et autres équipements de fonctionnement des différents cours, tribunaux et parquets), le recrutement et l'augmentation du personnel judiciaire, notamment les magistrats, les greffiers et les huissiers de justice. C'est presque une équation, quand on sait la modicité du budget de l'Etat (environ 9 milliards de dollars pour 2015) et l'insuffisance des crédits alloués au pouvoir judiciaire (0,55% du budget total pour les exercices 2012, 2013, 2014 et 2015). Il est fort à parier que cette situation risque de perdurer encore longtemps, puisqu'un tel engagement budgétaire dans le secteur judiciaire reflète un déficit de planification des réformes judiciaires enclenchées et un manque criant de volonté politique. C'est carrément vouloir une chose et son contraire: des réformes judiciaires, mais avec la rétention des moyens financiers, fut-elle par rapport à un budget modique. Pendant ce temps, des citoyens devraient continuer à parcourir des dizaines, voire des centaines, de kilomètres à la recherche d'une juridiction ou d'un parquet compétent où soumettre leurs affaires. Le rôle des partenaires de la RDC est ici crucial pour réussir les réformes annoncées. Il est aussi utile pour la prise en charge de l'itinérance judiciaire, car les juridictions et parquets existants sont déjà séparés par de longues distances de leurs potentiels justiciables. Même la mise en place de nouveaux tribunaux ne pourrait que partiellement constituer une solution à ce problème. En fait, même les entités territoriales où devront fonctionner la majorité de ces nouveaux tribunaux restent géographiquement très vastes, il va falloir compter encore longtemps sur l'organisation des chambres foraines afin de réduire au maximum les risques liés à l'absence et à la carence d'autorités garantes de la justice et de l'Etat de droit.

Thierry Vircoulon note que seul un tiers des tribunaux de paix prévus dans la carte judiciaire de 1984 a été créé : 59 tribunaux fonctionnent sur les 157 prévus et des juridictions créées depuis 1989 ne sont toujours pas installées (Tshilenge, Bansakusu, Tshimbulu, etc.).

La carte judiciaire n'a pas été adaptée aux évolutions démographiques et territoriales : certains centres urbains ont des juridictions surdimensionnées (Songololo), tandis que des agglomérations récentes en sont dépourvues ou n'ont pas les instances judiciaires adaptées à la demande locale de justice (Beni et Butembo au Nord-Kivu, Kimpese et Kinzau-Mwete au Bas- Congo, Tshikapa au Kasaï Occidental, etc.).[104]

Tableau n°5 : Nombre de juridictions par province en 2015[105]

Province	Juridictions					
	Parquet	Pourcentage %	Cours	Pourcentage %	Tribunaux	Pourcentage %
Kinshasa	8	9.1	2	15.3	22	9.9
Bas-Congo	10	11.4	2	15.3	18	8.1
Bandundu	12	13.7	1	7.6	24	10.8
Equateur	6	6.8	1	7.6	30	13.5
Province orientale	9	10.3	1	7.6	31	13.9
Nord Kivu	4	4.5	1	7.6	11	4.9
Maniema	4	4.5	1	7.6	8	3.6
Sud Kivu	5	5.7	1	7.6	15	6.7
Katanga	18	20.6	1	7.6	23	10.3
Kasaï oriental	5	5.7	1	7.6	23	10.3
Kasaï occidental	6	6.8	1	7.6	17	7.6
Total	87	100	13	100	222	100

Source : Adapté par nous à partir du rapport de l'Institut National de la Statistique publié en 2020.

Commentaire : Il se dégage de ce tableau que le nombre total des Parquet en 2015 était de 87, les Cours 13 et Tribunaux 222 sur les 11 provinces. Le pourcentage élevé de Parquet était observé au Katanga (20.6%) au Bandundu (13.7%) et au Bas-Congo (11/4%). Il a été bas dans les provinces de Nord Kivu, Maniema Sud Kivu et Kasaï Oriental (5%).

[104] VIRCOULON T., « Réforme de la justice : réalisations, limites et questionnements » dans TREFON T. (dir), *Réforme au Congo (RDC) : attentes et désillusions*, Paris, l'Harmattan, 2009, p.87.
[105] Institut National de la Statistique, *Op.cit*, p. 185.

Quant aux Cours, les provinces de Kinshasa et Bandundu ont (15%) alors que les reste des provinces (7.6%).

Pour les Tribunaux, les provinces Oriental et Equateur ont (13%), le Kasai Oriental et Katanga (10%), Kinshasa (9.9), Bandundu (8.1%), Kasai Occidental (8.1%), Sud Kivu (6.7%), Nord Kivu (6.7%) et Maniema (3.6%).

3.2.4. Effectifs insuffisants des ressources humaines dans le secteur de la justice

A la suite de Balingene Kahombo et ali[106], un constat général est que le personnel judiciaire de la RDC est très insuffisant. Les statistiques se font rares; ce qui est une lacune importante. Cependant, l'on peut observer que la loi budgétaire pour l'exercice 2015 a prévu un nombre total de 5.062 agents rémunérés pour le pouvoir judiciaire,15 parmi lesquels on doit compter au moins 3.750 magistrats.

Selon Kifwabala et ali[107], parmi les magistrats, il y aurait 660 femmes, soit 17,6% des effectifs; ce qui est très loin de l'objectif de la parité homme-femme dans les services publics. En divisant le nombre total de la population par le nombre de ces effectifs, on a en fait un magistrat pour 21.456 habitants; ce qui est largement inférieur au minimum à réaliser, c'est-à-dire un magistrat pour 10.000 habitants. Les écarts peuvent même être plus criants si l'on doit distinguer les juges des officiers du ministère public (procureurs). Le nombre d'habitants par juge ou par officier du ministère public devrait être trop élevé. Il semble, tout de même, que le pays voudrait augmenter ces effectifs jusqu'à 5.000 magistrats au moins.

L'autre catégorie du personnel judiciaire est constituée d'agents de l'ordre judiciaire, qui sont: greffiers, secrétaires de parquets, huissiers, agents et officiers de police judiciaire de parquet. Tout aussi insuffisant, ce personnel pourrait aussi s'accroitre à mesure que les nouveaux tribunaux et parquets sont effectivement installés. Il va falloir ici procéder également au recrutement. Tout cela exige, somme toute, des moyens financiers conséquents, des infrastructures d'accueils et une formation appuyée dans le métier. A cet égard, l'installation de l'école de formation des agents de l'ordre judiciaire ainsi que des officiers de police judiciaire figure parmi les grandes priorités.

---

[106] BALINGENE KAHOMBO et Ali, *Op.cit*, p. 106.

[107] KIFWABALA TEKILAZAYA, DEFI FATAKI WA LUHINDI et WETSH'OKONDA KOSO M., *République démocratique du Congo : la justice et l'Etat de droit. Un Etat de droit en pointillé. Essai d'évaluation des efforts en vue de l'instauration d'un Etat de droit et perspectives*, Ed. Open Society Foundation, Johannesburg, 2013, p. 72.

Conclusion de chapitre

Dans ce chapitre, il a été expliqué de manière approfondie et non exhaustive, les défis majeurs de la justice congolaise.

D'une part, nous avons expliqué les défis relatifs au fonctionnement de la justice dont notamment les questions de l'indépendance de la magistrature, problème de management de carrière des magistrats, les problèmes socio-professionnels.

D'autre part, nous avons expliqués les défis relatifs à la réforme de la justice dans ce secteur dont notamment le problème de financement, du management des réformes antérieures, de l'implantation des nouvelles juridictions issues des réformes, le problème d'insuffisance des ressources humaines. Ce tableau sombre peint nécessite des réformes appropriées en s'appuyant sur les théories du nouveau management public afin d'atteindre l'efficacité, l'efficience et la performance de la justice congolaise. C'est ainsi que le troisième chapitre de cette étude s'attèle sur les perspectives d'application du nouveau management public pour la réforme de la justice. Il s'agira de démontrer les apports du nouveau management public que nous proposons d'appliquer dans le secteur de la justice.

CHAPITRE TROISIEME.
PERSPECTIVES POUR LA RÉFORME DU SYSTÈME JUDICIAIRE CONGOLAIS

Au regard des critiques et tableau sombre peint dans le chapitre précédent sur l'administration de la justice dans notre pays, la réforme s'avère une solution indéniable. Certes, d'autres réformes précédentes sont intervenues dans ce secteur, le manque de management desdites reformes n'ont pas permis d'atteindre les objectifs assignés. C'est pourquoi la présente étude voudrait proposer l'application du nouveau management pour la réforme du système judiciaire congolais.

Ce chapitre est divisé en deux sections. La première explique les apports du nouveau management public pour la réforme de la justice congolaise. La seconde envisage des solutions complémentaires aux apports du nouveau management public.

SECTION 1 : APPORTS DU NOUVEAU MANAGEMENT POUR LA RÉFORME JUDICIAIRE CONGOLAISE

Dans cette partie de l'étude, nous proposons quelques principes adaptés du nouveau management public pour les appliquer dans le domaine du secteur judiciaire congolais, plus particulièrement à la magistrature congolaise. A partir des principes connus du nouveau management public évoqués précédemment, nous innovons en donnant quelques théories adaptés à ces principes.

3.1.1. Fondements de la réforme de la justice congolaise sous l'angle du nouveau management public

a) Réformer la justice congolaise pour cause de manque d'efficacité

Quelle que soit la manière dont on envisage le problème de la justice en RDC, on ne peut éviter de partir d'un constat malheureusement bien amer selon lequel la justice est « en panne ». Ce constat n'est pas nouveau et a déjà été établi par de nombreux observateurs qui ont cherché, par de remarquables études, à découvrir les causes et à tenter de trouver des remèdes à ce phénomène. L'offre de justice serait inadaptée, insuffisante et sans efficacité pour répondre à la demande des justiciables. Cette critique était faite d'un système qui ne parvenait pas à éliminer le risque judiciaire, source principale de l'insécurité juridique qui ronge la RDC, avec ce que cela comporte de dérives politiques et de contre-performances économiques.[108]

En effet, le nouveau management public est un courant de pensé provenant de l'Angleterre vers les années 1980. Ce courant de pensé a été théorisé par Erwan Ferlie dans son ouvrage *The New Public Management in action*. Dans cet ouvrage, il propose l'application des méthodes de gestion du secteur privé dans les administrations publiques pour les rendre compétitives et qu'elles fournissent de service de meilleure qualité aux citoyens.[109]

Au demeurant, l'idée principale du nouveau management public est la transposition des règles de gestion du secteur privé dans le secteur public pour la recherche de la performance, l'efficience, l'efficacité pour satisfaire les citoyens qui sont perçu désormais comme des clients et non de simples usagers du service public. Ainsi, les administrations publics ou services publics sont appelé à être organisé de manière décentralisé en donnant plus d'autonomie aux structures opérationnelles ayant une responsabilité claire. La contractualisation est le mode de recrutement des ressources humaines, qui, par la suite devront être promu selon le mérite et la performance au terme de contrôle sur base des indicateurs de performance.

Enfin, l'allocation des budgets est basée sur les objectifs comme nous renseignent les études antérieures de Christopher Hood,[110] Yves Chappoz et ali.[111]

b) *Remise en cause du modèle de la bureaucratie wébérienne appliqué à la Magistrature congolaise*

L'étude compare la magistrature congolaise à la bureaucratie wébérienne pour relever les failles. De cette analyse, nous remettons en cause ce model et proposons celui du nouveau management public.

1° Comparaison de la Magistrature congolaise au modèle de la bureaucratie Wébérienne

La magistrature congolaise calquée du model wébérien manque d'efficacité, d'efficience et performance au regard de la lenteur dans le traitement des dossiers

---

[108] CHUBAKA KAHIRO CHRISPIN, « Institut national de formation judiciaire : Enjeux et défis pour le renforcement de l'efficacité de l'appareil judicaire en République démocratique du Congo » in *African Law Study Library – Librairie Africaine d'Etudes Juridiques*, n°7, 2020, p. 279.

[109] FERLIE EWAN, *The New Public Management in action*, Oxford University Pres, 1997, 304 p.

[110] HOOD C, "Exploring Variations in Public Management Reform of the 1980", in H.A. BEKKE, J.L. PERRY and T.A. TOONEN, *Civil Service Systems in Comparative Perspective*, Bloomington, Indiana University Press, 1996, 346 p.

[111] CHAPPOZ Y et PUPION P-C., « Le New Public Management », in *Gestion et management public*, Volume 1, n°2, 2012, pp.1-3.

judiciaire, mais aussi et surtout d'une organisation à structure pyramidale, le partage des responsabilités des politiciens (ministre de la justice) et administrateurs est confus par l'intrusion du ministre dans le domaine judicaire par voie d'injonction positive ou négative, l'exécution des tâches par spécialisation, le recrutement sur concours, la promotion ou avancement par ancienneté, d'un contrôle sur base des indicateurs de suivi (fiche de signalement de magistrat), l'allocation de budget axé sur le moyens.

Ce modèle de fonctionnement a occasionné le dysfonctionnent de la Magistrature à travers l'ingérence des politiciens dans le secteur de la justice, le favoritisme dans le recrutement et promotion, etc.

2° Model d'organisation tiré du nouveau management public à appliquer à la Magistrature congolaise

Face aux faiblesses d'organisation de la Magistrature congolaise calqué du modèle wébérien, nous proposons en premier lieu la contractualisation tiré du modèle du nouveau management public afin d'atteindre la performance.

Nous épousons le point de vue de Béatrice Van Haeperen qui estime que concrètement, le NMP impose la mise en place de nouveaux instruments de pilotage et de supervision des activités des services publics dorénavant orientés sur l'efficacité et la performance. Parmi ceux-ci, la contractualisation des relations entre le principal (l'autorité politique) et l'agent (agence d'exécution) fait partie des outils inextricablement liés au NMP. La contractualisation consiste à fixer dans un contrat des mécanismes de contrôle et d'incitation visant à réduire les coûts liés aux conflits d'intérêt existant entre les deux acteurs et à maximiser l'utilité de chacun.

Le contrat de gestion ou contrat de performance devient ainsi un nouveau rouage de l'action publique[112].

Nous envisageons également l'application du principe de l'agencification dans la Magistrature congolaise, une suite logique de la contractualisation. La création d'une agence autonome à partir de la désagrégation restructuro-fonctionnelle du Conseil Supérieur de la Magistrature est une réponse face au problème de l'ingérence des politiciens dans le secteur de la justice. Elle permettra l'indépendance effective de la justice.

Cette proposition d'Agence de la justice tire son inspiration du modèle Britanique. En effet, dans le domaine de la justice, l'exemple de la création de l'agence

[112] VAN HAEPEREN B., « Que sont les principes du new public management devenus ? Le cas de l'administration régionale wallonne », dans ***Reflets et perspectives de la vie économique***, n°2, 2012, p. 87.

est éloquent au Royaume-Uni. En 2005, l'entrée en vigueur du Constitutional Reform Act a permis la création de la « Judicial Appointments Commission » en sigle (JAC).

La « JAC » est un organe public indépendant qui réunit quinze membres issus des professions juridiques, des tribunaux, des « magistrates » et de la société civile : neuf juges ou juristes et six personnes n'appartenant pas au monde judiciaire, parmi lesquels figurera le président de la cette commission (5 doivent être membres des professions judiciaires, 2 doivent représenter un *barrister et un solicitor,* 5 doivent être des non-magistrats, 1 doit représenter un membre d'un tribunal et 1 doit représenter les *lay justice members.*

3.1.2. Principes du nouveau management appliqués à la justice congolaise

Dans cette section, nous allons proposer quelques principes de nouveau management public pour la réforme de la justice congolaise. Nous expliquerons comment ces principes peuvent s'appliquer au secteur de la justice.

a. Agencification

1) Théorie de la désagrégation restructuro-fonctionnelle[113]

A ce niveau, face au problème de l'ingérence de l'exécutif au pouvoir judiciaire, nous proposons le principe n°4 selon Hood[114], aussi connu sous l'appellation de **désagrégation structurelle,** avec comme conséquence l'Agencification. Selon précise ce qui suit : « les organisations publiques doivent se spécialiser ou l'administration doit se fragmenter ». Cela signifie « la remise en cause des grands ministères monolithes et la création d'agences spécialisées et autonomes, négociant entre elles sans lien de dépendance ». La justification est qu' « il est nécessaire de créer des organisations « gérables », de distinguer les tâches des financeurs, acheteurs et prestataires des services publics. La contractualisation fait gagner en efficacité les relations internes et externes au secteur public ».

A la suite de Hood, nous forgeons dans cette étude ***la théorie de la désagrégation restructuro-fonctionnelle selon laquelle « quelques compétences d'une organisation public peuvent être transférées à une Agence spécialisée sans nécessairement dissoudre l'organisation publique pour gagner en indépendance et performance ».***

---

[113] Il s'agit d'un néologisme que nous avons inventé en s'inspirant de la théorie de la désagrégation structurelle développé par Christopher Hood.
[114] HOOD C, "A public management for all seasons", in *Public administration,* Volume 69, n° 1, 1991. pp. 541-558.

En effet, dans la pratique, l'étude propose la création de l'Agence du Pouvoir judiciaire (APJ) par une loi-organique qui lui confie le management des ressources humaines (planification, organisation, leadership, coordination et contrôle) des personnels du secteur de la justice, greffiers, agents des services pénitenciers, etc).

Cette Agence devra avoir la pleine autonomie organisationnelle, financier et ne pas dépendre du ministère de la justice. Cette Agence devra aussi être décentralisée dans les provinces.

Cet Agence aura des « Département » comme celui de la Magistrature, Greffes-Huissariats, Pénitencier, Inspectorat judiciaire, Commission de notation, discipline et contentieux, Fonds judiciaire, ayant à la tête la « Direction Générale de la justice». Ainsi, on rattache à l'Agence, les autres structures de la justice citées sous forme de département pour une bonne gestion, planification au lieu d'être éparpillé comme le cas actuellement.

Voici l'organigramme de l'Agence du Pouvoir Judiciaire dont nous proposons la création.

Figure n°1 : Organigramme fonctionnel de l'Agence du Pouvoir Judiciaire (APJ)

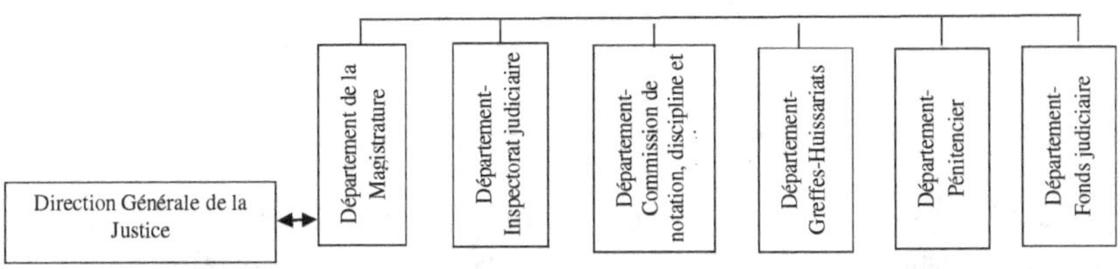

Source : Conçu par nous-même

Dans son fonctionnement ou compétence, la Direction générale de la justice sera composée de magistrat, des non juristes, chaque représentant des départements. Elle sera compétente pour nommer et révoquer les membres du pouvoir judiciaire, élaborer la politique générale du secteur de la justice.

Ainsi, les compétences de l'ex-assemblée générale du Conseil Supérieur de la Magistrature seront transférées à la Direction Générale de la Justice.

Le département de la Magistrature renfermera les magistrats des cours, tribunaux, parquets civils et militaires qui seront mis en disponibilité afin de siéger à ce département. Ce département s'occupera de la formation des magistrats à travers l'école nationale de magistrature.

Sera supprimé la structure appelée bureau de l'ancienne configuration du Conseil supérieur de la Magistrature.

L'ex Conseil Supérieur de la Magistrature n'aura plus la compétence disciplinaire des magistrats qui sera dévolu à la Commission de notation, de discipline et contentieux, laquelle est compétente pour connaitre des dossiers disciplinaires et contentieux des membres des départements de l'Agence.

Le département de l'Inspectorat judicaire aura pour mission de contrôler le bon fonctionnement des cours, tribunaux, des parquets, greffes, huissariats, sans interférer ou donner des injonctions aux magistrats, greffiers et huissiers dans l'exercice de leurs missions.

Ainsi, une modification de l'Ordonnance du 23 juin 1987 portant création de l'Inspectorat général des services judiciaires est nécessaire pour lui retirer la prérogative d'interférence dans les dossiers judiciaires.

Le département « Commission de notation, de discipline et contentieux » s'occupera de la question de suivi de carrière des personnels du secteur de la justice (recrutement, notation, proposition de promotion, questions disciplinaires et contentieux des personnels judiciaires (magistrats, greffiers, huissiers et agents des services pénitenciers, etc). Il aura en outre la mission de la tenue des séminaires d'encadrement des personnels de la justice en déontologie professionnelle afin de continuer le processus de la moralisation des services publics de la justice.

Le département « Fonds judiciaire » aura pour mission d'élaborer le budget du secteur de la justice, de gérer les fonds d'investissement, de fonctionnement des départements et particulièrement la taxe spéciale de réforme de la justice. En outre, les dispositions des articles 37 à 43 sur les finances organisant l'ancien conseil supérieur de la magistrature sera dévolu au Fonds Judiciaire.

Le département pénitencier gère les prisons sous le contrôle des magistrats des parquets et le contrôle du département de l'Inspectorat judicaire.

Concernant les ressources humaines, cet Agence sera composée des juristes, para-juristes et les non juristes. Les Magistrats qui travailleront dans cet Agence devront durant leurs mandats être mis en disponibilité et ne plus remplir leur mission au sein des Cours et Tribunaux, car, cet Agence est un service public.

En restructurant le Conseil supérieur de la Magistrature, il restera seulement comme « Département » ayant pour mission la formation et l'encadrement des

Magistrats ». Lui confier la gestion des carrières des Magistrats, c'est être juge et parti car tous sont des Magistrats.

Comme source de financement exceptionnel de cet Agence, il faut instaurer la taxe spéciale de soutien de la réforme de la justice pour permettre de financer le processus de réforme et compléter le budget du secteur de la justice.

2) Théorie de rééquilibrage de pouvoir et de l'indépendance

Selon Hood, le principe n°1 du nouveau management public (**séparation de pouvoirs politique et de l'administration)** renseigne que : « La gestion doit être confiée aux hommes de terrain » : séparer la prise de décision stratégique, qui relève du pouvoir politique, de la gestion opérationnelle, qui est sous la responsabilité de l'administration ». Cela veut dire que le pilotage et le contrôle des organisations doivent être confiés aux professionnels nommés à leur tête. Ils doivent jouir d'une autonomie de gestion : attribution de budgets globaux aux gestionnaires publics qui disposent d'une large marge de manœuvre pour satisfaire leurs critères de rendement. La justification est la redevabilité nécessite une définition claire des responsabilités et non la dilution du pouvoir. Nous pouvons comprendre que le principe n°1 évoqué consacre la séparation de pouvoir.

Selon nous, nous proposons **la théorie de rééquilibrage de pouvoir et de l'indépendance** *« consiste à retirer certains pouvoirs ou attributions du pouvoir exécutifs (administration politique) et les réattribuer au pouvoir judiciaire afin d'atteindre l'indépendance de ce dernier ».*

En pratique, dans notre étude, la **théorie de rééquilibrage de pouvoir et de l'indépendance** passe par la réforme d'une part de la constitution et d'autre part de la loi sur le statut de la magistrature en retirant au Président de la République et le Parlement les prérogatives de désigner les hauts magistrats. Ainsi, l'Agence aura la compétence de nommer les Magistrats et autres personnels du secteur de la justice et les révoquer le cas échéants.

Ce rééquilibrage de pouvoir peut être soutenu par l'exemple de l'Italie qui, à travers le Constitution de 1948 avait accordé la complète indépendance de la magistrature, « ordre autonome et indépendant de tout autre pouvoir » dans son article 104. Pour assurer son indépendance, le Conseil Supérieur de la Magistrature, a prévu un organe de rang constitutionnel, dit d'autogestion (autogoverno) de la magistrature.

Ainsi, cet organe du Conseil Supérieur de la Magistrature italien est compétent en matière de nomination des magistrats du siège et du parquet. Le choix des magistrats nommés en juridiction appartient exclusivement au Conseil Supérieur de la Magistrature.

Le ministre de la Justice est consulté pour toute nomination d'un magistrat en juridiction mais son avis ne lie pas le Conseil. Pour la nomination des chefs de juridiction les textes prévoient une « concertation » obligatoire mais, en cas de désaccord, le Conseil Supérieur de la Magistrature a le dernier mot.

Pour les magistrats en détachement au ministère de la Justice, le ministre informe le Conseil de leur nomination qui en prend acte.

En Espagne, le Conseil Général du Pouvoir Judiciaire s'agit d'un pouvoir et donc du troisième pilier de l'Etat, totalement indépendant du pouvoir exécutif, il s'agit d'un véritable gouvernement des juges.

Le Conseil Général du Pouvoir Judiciaire est compétent pour nommer les magistrats du siège. Par contre, le Consejo Fiscal est compétent pour nommer les magistrats du parquet.

b. Contractualisation du secteur de la justice avec clause de performance en lieu et place du régime « statutaire »

Il faut l'admettre, le régime statutaire auquel les personnels du secteur de la justice (greffiers, agents de police judicaires et des parquets, les agents du service pénitencier) et les Magistrats sont soumis ne satisfait plus aux exigences d'efficacité et efficience des objectifs de l'administration judiciaire. Cette stabilité d'emploi sous le régime statutaire est un arbre qui cache la forêt du fait que le contrôle de rendement de ces personnels de la justice n'existe carrément pas. La procrastination, la concussion, corruption, lourdeur administratif, manque d'efficacité et d'efficience sont les indicateurs de la déliquescence du système administratif judiciaire au format wébérien.

A notre avis, ce régime ne permet pas dans la pratique congolaise la résiliation des liens de travail entre l'Etat et ces personnels de la justice pour faute de rendement exigé, sauf rarement le cas de révocation en cas de faute lourde.

L'étude propose la contractualisation de tous les agents du secteur de la justice et les Magistrats avec clause de « performance ». Le personnel du secteur de la justice qui ne remplit pas son rendement conformément à la clause de performance, son contrat devra être résilié après échec de la période de remise à niveau de compétence.

Cela nécessite en amont la réforme de statut des Magistrats et les agents du secteur de la justice par la révision de la loi qui instituait ce régime statutaire et le remplacer par le système de contrat.

SECTION 2 : AUTRES SOLUTIONS DE RÉFORME

En complément des reformes tirées de l'application du nouveau management public, nous proposons également d'autres solutions de réforme.

3.2.1. Amélioration de conditions socioprofessionnelles

L'amélioration des conditions socioprofessionnels des magistrats par l'augmentation de leurs traitements et autres avantages permettra non seulement de motiver ces derniers, mais aussi de les préserver contre les tentatives de corruption, concussions car, avec un salaire de misère, il est difficile à ces derniers de renoncer aux antivaleurs. Ils n'auront plus de justification de ne pas respecter l'éthique et la déontologie.

Grace à la taxe spéciale de réforme de la justice, une nouvelle source de financement du secteur de la justice permettra d'augmenter la rémunération de ces derniers. Il suffit aussi de la volonté politique du gouvernement de mettre en pratique la promesse de payement de 1600 dollars américains au magistrat le moins gradé et de la lutte continue des magistrats pour que leur situation socioprofessionnelle s'améliore. Il est tant que la magistrature se prenne en charge et retrouve son indépendance financière.

3.2.2. Moralisation du service public de la justice

L'éthique et la déontologie constitue pour le personnel du secteur de la justice une boussole qui doit guider son agir dans la vie public et privée. L'amélioration de conditions socioprofessionnelles et l'indépendance de la justice ne suffisent pas à elles-mêmes de redorer l'image ternie de la justice en RDC. Il est tant que la moralisation de ce secteur soit continue et ne se limite pas simplement à se faire remarquer lors des procédures disciplinaires.

Nous proposons que le Département « Commission de discipline et contentieux » s'occupera en outre de la mission de la tenue des séminaires d'encadrement des personnels de la justice en déontologie professionnelle chaque mois, afin de continuer le processus de la moralisation des services publics de la justice.

3.2.4. Instauration de la justice restaurative ou réparatrice et travail d'intérêt général

a) La justice restaurative ou réparatrice

Selon les Nations Unies[115], dans de nombreux pays, le mécontentement et la frustration engendrés par le système judiciaire ainsi que le regain d'intérêt porté à la préservation et au renforcement des pratiques coutumières et traditionnelles ont conduit d'aucuns à appeler de leurs vœux de nouvelles réponses à la délinquance et aux troubles sociaux. Nombre de ces réponses donnent aux parties concernées et, souvent, aux personnes qui les entourent la possibilité de participer à la résolution de conflits et d'en traiter les conséquences. Les programmes de justice réparatrice se fondent sur l'idée selon laquelle les parties à un conflit doivent activement participer à sa résolution et à l'atténuation de ses conséquences.

Ils procèdent également, parfois, d'une volonté de revenir à une prise de décisions locale et de renforcer la communauté. Ces démarches sont également vues comme un moyen d'encourager l'expression pacifique d'un conflit, de promouvoir la tolérance et l'intégration, de faire respecter la diversité et de favoriser des pratiques locales responsables.

Les formes nouvelles et établies de justice réparatrice donnent aux communautés des moyens bienvenus de résoudre les conflits. Elles font intervenir des individus qui sont non pas extérieurs à l'incident, mais directement concernés ou touchés par celui-ci. La participation de la communauté n'est plus abstraite, mais directe et concrète. Ces procédures conviennent particulièrement aux situations où les parties interviennent volontairement et où chacune a la possibilité de participer pleinement et sans risque à un processus de dialogue et de négociation.

En République Démocratique du Congo, nous partons du postulat selon lequel, l'exécution des décisions judiciaires en matière pénal est difficile. La victime est laissé parfois dans son triste sort et ne reçoit aucune réparation soit pour cause de la complexité des procédures d'exécution, soit encore le coût élevé de payement de droit proportionnel.

Dans un procès pénal, après une condamnation définitive du prévenu, la partie civile ne reçoit pas de manière volontaire de la part du prévenu les dommages et intérêts. Pour le contraindre à s'exécuter, la partie civile devra de nouveau saisir le juge civil en brandissant le jugement pénal définitif condamnant le prévenu aux dommages

---

[115] ONU, *Manuel sur les programmes de justice réparatrice,* New York, Ed. United Nations publication, 2008, p. 5.

et intérêts et solliciter au même moment la saisie-vente des biens mobiliers de l'assigné (ex-prévenu). C'est donc une procédure longue et couteuse pour la partie civile.

Face à cette situation, nous proposons l'instauration de la justice restauratrice ou réparatrice comme mode de résolution des différends judiciaires en matière pénal quel que soit le type d'infraction ou taux de la peine encourue.

Il faut signaler que la médiation pénale est une des variantes de la justice réparatrice prévue et organisée en droit positif congolais, seulement en matière de la protection pénale de l'enfant. Les articles 132 à 142 de la loi du 10 janvier 2009 portant protection de l'enfant prévoit la médiation pour des manquements punissables de moins de 10 ans de servitude pénale.

Nous militons pour l'application de la justice réparatrice dans le code de procédure pénal congolais et ainsi, combler les lacunes de notre système pénal en matière des modes alternatifs de règlement des conflits impliquant les personnes majeures.

La justice restaurative, de quoi s'agit-elle exactement ? De nombreux termes sont utilisés pour décrire le concept de justice réparatrice. On parle notamment de « justice communautaire », d' « amende honorable », de « justice positive », de « justice relationnelle », de « justice réparatrice » et de « justice restaurative »[116].

Par justice réparatrice, on entend un processus par lequel on combat la délinquance en réparant le mal fait aux victimes, en rendant les délinquants comptables de leurs actes et, souvent, en associant la communauté à la résolution du conflit. La participation des parties est un aspect essentiel de ce processus, qui place l'accent sur l'établissement d'une relation, sur la réconciliation et sur la recherche d'une entente entre les victimes et le délinquant.[117]

Le terme "processus de réparation" désigne tout processus dans lequel la victime et le délinquant et, lorsqu'il y a lieu, toute autre personne ou tout autre membre de la communauté subissant les conséquences d'une infraction participent ensemble activement à la résolution des problèmes découlant de cette infraction, généralement avec l'aide d'un facilitateur.[118]

[116] MIERS, "An International Review of Restorative Justice", *In Crime Reduction Research*, n°10, London, 2001, p. 88.
[117] ONU, *Manuel sur les programmes de justice réparatrice, Op.cit*, p. 6.
[118] *Ibidem*

Le terme "programme de justice réparatrice" désigne tout programme qui fait appel à un processus de réparation et qui vise à aboutir à une entente de réparation.[119]

Les programmes de justice réparatrice se fondent sur plusieurs hypothèses:[120]

a) la suite donnée à l'infraction doit réparer autant que possible le mal subi par la victime; *b)* il faut faire comprendre aux délinquants que leur comportement n'est pas acceptable et qu'il a eu des conséquences réelles pour la victime et pour la communauté; *c)* les délinquants peuvent et doivent assumer la responsabilité de leurs actes; *d)* les victimes doivent pouvoir exprimer leurs besoins et contribuer à déterminer, pour le délinquant, la meilleure façon de se racheter; et *e)* la communauté a le devoir de favoriser ce processus.

Pour atteindre ses objectifs, un processus de réparation doit comprendre au moins quatre ingrédients: *a)* une victime identifiable; *b)* une participation volontaire de la victime; *c)* un délinquant qui assume la responsabilité de son comportement criminel; et *d)* une participation non contrainte de ce dernier. La plupart des méthodes de réparation visent à créer, entre les parties concernées, une dynamique interactive spécifique. Le but est de créer un environnement non accusatoire et non intimidant dans lequel les intérêts et les besoins de la victime, du délinquant, de la communauté et de la société puissent être pris en compte.

Les programmes existants, qui regroupent des procédures très diverses axées sur la réparation, varient considérablement. Cela s'explique en partie par les diverses interprétations qui existent des conflits et de la façon de les traiter et de résoudre.

Les principaux types de programme sont notamment[121]: *a)* médiation victime-délinquant; *b)* conférence communautaire ou familiale; *c)* cercle de détermination de la peine[122].

---

[119] *Ibidem*

[120] ONU, *Manuel sur les programmes de justice réparatrice, Op.cit, p. 6.*

[121] ONU, *Manuel sur les programmes de justice réparatrice, Op.cit, p. 6.*

[122] Lire à ce sujet Robert Cario, « La justice restaurative dans le monde... et en France », in *Revue juridique de l'Océan Indien*, n°21, 2015, pp. 202-213.

Selon cet auteur : « La conférence restaurative (adaptation de la conférence du groupe familial) poursuit les mêmes objectifs que les médiations victime/infracteur, mais réunit un nombre plus diversifié de participants autour de l'infracteur, de la victime et du médiateur/facilitateur. Se joignent à eux toutes les personnes ou institutions ayant intérêt à la régulation du conflit et/ou susceptibles d'apporter un support quelconque aux protagonistes directs. La conférence permet d'envisager ainsi, en présence du juge, les caractéristiques du soutien que l'environnement familial ou social est susceptible d'apporter aux intéressés en vue de les aider à retrouver leur place au sein de la communauté ».

« Le cercle de détermination de la peine s'élargit à tous les membres de la communauté qui souhaitent y participer. Ils permettent à chacun de s'exprimer sur les conditions de l'émergence du conflit et ses conséquences afin d'envisager une résolution qui prenne en compte les intérêts de tous et consolide les valeurs communes de la collectivité concernée (aux quatre plans affectif, physique, psychologique et spirituel) ».

Nous mettons l'accent seulement sur la médiation-délinquant qui retient notre attention dans le cadre de cette étude.

Les programmes de médiation victime-délinquant (également dits "de réconciliation") sont parmi les premières initiatives de justice réparatrice à avoir vu le jour. Ces programmes visent à répondre aux besoins des victimes d'infractions tout en veillant à ce que les délinquants soient tenus comptables de leurs actes. Ils peuvent être administrés par des organismes publics et des associations à but non lucratif et se limitent généralement aux infractions mineures. Peuvent y recourir la police, le parquet, les tribunaux et les services de probation. Les programmes peuvent intervenir avant ou après l'inculpation et avant le procès et requièrent la participation volontaire de la victime et du délinquant. Ils peuvent également intervenir avant la détermination de la peine et aboutir à des recommandations concernant cette dernière.[123]

Pour pouvoir recourir à la médiation victime-délinquant, il faut remplir trois conditions de base:

- Le délinquant doit assumer ou ne pas nier sa responsabilité ;
- La victime et le délinquant doivent tous deux souhaiter participer ;
- La victime et le délinquant doivent aborder la procédure sans crainte.

Dans la médiation victime-délinquant, les victimes sont souvent sollicitées, selon le besoin, pour apporter aide et assistance et contribuent le plus possible à la détermination de la sanction ou à l'élaboration d'une résolution ou d'une entente de réparation. Elles peuvent également exposer au délinquant la façon dont l'infraction les a affectées et poser des questions sur la façon dont celle-ci a été commise. La médiation, dans la mesure possible, débouche sur une réparation et sur une forme de compensation des pertes de la victime. Elle ne passe pas toujours par un contact direct entre le délinquant et la victime. En cas de contact direct, la victime est souvent invitée à parler la première, ce qui lui confère l'initiative.[124]

Le médiateur aide la victime et le délinquant à trouver un accord qui répond aux besoins des deux parties et qui résoud le conflit. Lorsque la médiation intervient avant la détermination de la peine, un accord de conciliation négocié entre le délinquant et la victime peut être communiqué au tribunal pour être pris en compte dans la peine ou dans les conditions de la probation.[125]

---

[123] ONU, *Manuel sur les programmes de justice réparatrice, Op.cit,* pp. 10-12.
[124] *Ibidem*
[125] *Ibidem*

b) Travail d'intérêt général

Nous envisageons l'insertion dans notre code pénal congolais de la peine de « travail d'intérêt » général en lieu et place de la peine de prison ou contrainte par corps pour les infractions dont les peines ne dépassent pas 5 ans de servitude pénal principal. Cela permettra non seulement d'éviter d'encombrer les juges des dossiers bénins, mais aussi d'éviter les incarcérations ayant pour méfait la surpopulation carcérale dans nos prisons.

Guinchard S.,[126] définit le travail d'intérêt général comme une peine pouvant se substituer à un emprisonnement à titre de sanction principale lorsque le juge estime opportun de prononcer une telle mesure. Le condamné doit accepter ce type de sanction, effectuera au profit d'une personne morale de droit public, d'une personne morale de droit privé chargée d'une mission de service public ou d'une association habilitée, un travail d'une durée comprise entre 20 et 280 heures dans un délai qui ne peut excéder 18 mois.

Cette mesure peut également être utilisée comme peine complémentaire pour une contravention de 5e classe ou comme modalité d'exécution du sursis. Cette sanction concerne également les mineurs de 16 à 18 ans en France.

Le travail doit alors avoir un caractère formateur ou être de nature à favoriser leur insertion sociale.

En RDC, selon l'article 134 de la loi portant protection de l'enfant, le travail d'intérêt général consistera à une prestation utile à la collectivité ne dépassant pas quatre heures par jour, pour une durée d'un mois au plus. Le travail doit être effectué en respectant la dignité humaine.

3.2.5. Modification des quelques textes juridiques

Dans cette partie de l'étude, nous suggérons la modification de quelques textes juridiques pour permettre l'implémentation des reformes proposées dans le cadre de notre recherche. Nous allons dans un premier temps illustrer les dispositions légales à modifier en ciblant la thématique évoquée dans ce travail et en second lieu, nous proposons une formulation qui s'inspire des reformes contenues dans cette étude.

[126] GUINCHARD S., *Op.cit,* p. 2037.

a. Constitution

v *Indépendance budgétaire du pouvoir judiciaire*

L'article 149 alinéas 7 de la *Constitution* du 18 février 2006 tel que modifiée et complétée à ce jour dispose ce qui suit : « *[..........]* Le pouvoir judiciaire dispose d'un budget élaboré par le Conseil supérieur de la magistrature et transmis au Gouvernement pour être inscrit dans le budget général de l'Etat ».

En analysant cette disposition, l'esprit du constituant est de faire bénéficier le pouvoir judiciaire d'un budget de son secteur. Bien qu'il soit élaboré par le pouvoir judiciaire, le budget doit encore être transmis au pouvoir exécutif. Cela limite l'indépendance financière du pouvoir judiciaire car le pouvoir exécutif dispose in fine du pouvoir de dotation selon son vouloir.

Il a été démontré dans cette étude que la dotation accordée au pouvoir judiciaire est de loin faible.

Nous proposons la modification de cette disposition de la manière suivante : « le pouvoir judiciaire dispose d'un budget global élaboré par lui et transmis le cas échéant au gouvernement pour consolidation. Par ailleurs, il est exécuté par le pouvoir judiciaire par biais de retenue à la source pour ce qui concerne les besoins de fonctionnement, rémunération et réformes ou investissements ».

v *Indépendance des magistrats de siège et de parquet*

L'article 150 alinéas 2 et 4 de la *Constitution* en étude dispose *: « [.........]* Les juges ne sont soumis dans l'exercice de leur fonction qu'à l'autorité de la loi.

Le magistrat du siège est inamovible. Il ne peut être déplacé que par une nomination nouvelle ou à sa demande ou par rotation motivée décidée par le Conseil supérieur de la magistrature ».

En interprétant cette disposition, il se dégage que le constituant fait une distinction entre le magistrat de siège et le magistrat de parquet. Il n'accorde que l'indépendance au magistrat de siège et le protège contre les mutations irrégulières en le rendant inamovible. Par contre, les procureurs des parquets sont ignorés par le constituant alors qu'ils sont également « magistrat » et doivent une égale protection. Ils sont ainsi textuellement non indépendants, non inamovibles.

Cet article devra être modifié de la manière suivante : « les magistrats de siège et de parquet ne sont soumis dans l'exercice de leur fonction qu'à l'autorité de la loi. Magistrats de siège et de parquet sont inamovibles. Ils ne peuvent être déplacés que par une nomination nouvelle ou leurs demandes ou par rotation motivée décidée par l'organe compétent chargé de la gestion du pouvoir judiciaire. »

L'Article 151 de ce même texte dispose *:* « Le pouvoir exécutif ne peut donner d'injonction au juge dans l'exercice de sa juridiction, ni statuer sur les différends, ni entraver le cours de la justice, ni s'opposer à l'exécution d'une décision de justice.

Le pouvoir législatif ne peut ni statuer sur des différends juridictionnels, ni modifier une décision de justice, ni s'opposer à son exécution.

Toute loi dont l'objectif est manifestement de fournir une solution à un procès en cours est nulle et de nul effet ».

Il faut noter que les mêmes observations contenues dans la disposition de l'article 150 analysée s'appliquent également à l'article 151 de la même *Constitution* à ce qui concerne l'exclusion de magistrat de parquet au bénéfice de l'indépendance et seulement réservé au magistrat de siège.

Nous proposons la reformulation suivante : « Le pouvoir exécutif ne peut donner d'injonction au juge et ou au procureur dans l'exercice de sa juridiction, ni statuer sur les différends, ni entraver le cours de la justice ou de procédure pré juridictionnelle, ni s'opposer à l'exécution d'une décision de justice.

Le pouvoir législatif ne peut ni statuer sur des différends juridictionnels pendant devant les parquets ou Cours et Tribunaux, ni modifier leurs décisions de justice, ni s'opposer à leurs exécutions.

Toute loi dont l'objectif est manifestement de fournir une solution à un procès, une procédure pré juridictionnelle en cours, est nulle et de nul effet. »

L'Article 152 de la *Constitution* en étude dispose : « Le Conseil supérieur de la magistrature est l'organe de gestion du pouvoir Judiciaire ».

Au regard des critiques ou dysfonctionnement de cet organe développés dans les lignes précédentes, nous envisageons confier la gestion du pouvoir judiciaire à l'organe dénommé « Agence du Pouvoir Judiciaire ».

Cet article sera ainsi modifié : « L'Agence du Pouvoir Judiciaire est l'organe de gestion du pouvoir Judiciaire ».

L'article 82 de la constitution stipule : « Le Président de la République nomme, relève de leurs fonctions et, le cas échéant, révoque, par ordonnance, les magistrats du siège et du parquet sur proposition du Conseil supérieur de la magistrature».

L'article 158 de cette même *Constitution* dispose: « La Cour constitutionnelle comprend neuf membres nommés par le Président de la République dont trois sur sa propre initiative, trois désignés par le Parlement réuni en Congrès et trois désignés par le Conseil supérieur de la magistrature.

Les ordonnances dont question à l'alinéa précédent sont contresignées par le Premier Ministre ».

Ces dispositions consacrent l'ingérence du Pouvoir exécutif sur la magistrature. Ainsi, les articles 82 et 158 de la *Constitution* devront être abrogés car, selon nous, la nomination et révocation des magistrats du siège et parquet relèvera de la seule compétence de l'Agence du Pouvoir Judiciaire.

b. *Loi-organique* portant statut des magistrats

v *Promotion des magistrats*

L'article 11 alinéa 2 de la *Loi-organique* du 1er Août 2015 portant modification de la *Loi-organique* du 10 octobre 2006 portant statut des magistrats dispose : « [.......] Le Président de la République a seul le pouvoir de promouvoir le magistrat sur proposition du Conseil Supérieur de la Magistrature ».

L'article 11 alinéa 2 de la loi-organique sus évoqué doit être abrogé puisque désormais seule l'Agence du Pouvoir Judiciaire sera compétente de promouvoir les magistrats.

Toutes les compétences dévolues au Conseil Supérieur de la Magistrature contenues dans *Loi-organique* du 1er Août 2015 portant modification de la loi-organique du 10 octobre 2006 portant statut des magistrats devront être transférées à l'Agence du Pouvoir de la Justice selon la reconfiguration proposée dans cette étude.

c. Loi-organique portant Conseil Supérieur de la Magistrature (CSM)

La *Loi organique* n° 08/013 du 05 août 2008 portant organisation et fonctionnement du Conseil supérieur de la magistrature devra être modifiée dans l'ensemble en tenant compte de la reconfiguration du pouvoir judiciaire que nous avons proposé dans les lignes précédentes.

d. Réforme de l'Inspectorat général des services de la justice

- *Recadrer la mission de l'Inspectorat de la justice pour assurer l'indépendance du pouvoir judiciaire*[127]

L'article 2 de l'*Ordonnance* du 23 juin 1987 dispose : « l'Inspectorat général des services judiciaires a pour mission de contrôler le fonctionnement des juridictions, des parquets et de tous les services relevant du conseil judicaire ». De même, au cours de leur mission, les membres de l'inspectorat général s'assurent, notamment par l'examen des dossiers, des registres et des copies des jugements, de la bonne administration de la justice et de l'expédition normale des affaires. Ils contrôlent et vérifient les écritures comptables et l'exécution des recettes et des dépenses des services du ministère de la justice ».

L'exercice de cette mission a conduit les membres de l'inspectorat à inviter et auditionner les magistrats pour obtenir d'eux les motivations les ayant conduits à prendre telle ou telle autre décision. C'est la mission la plus redoutée qui a conduit aux abus dénoncés dans le chef des membres de l'Inspectorat général lesquels retardent ou s'opposent parfois à l'exécution des certains jugements. Cette mission est devenue la principale activité de l'inspectorat général au détriment de celle du contrôle de fonctionnement des cours et tribunaux.

Ainsi, la mission consistant à s'assurer de la bonne administration de la justice et de l'expédition normale des affaires par les cours et tribunaux à travers l'examen des copies des jugements et des dossiers porte atteinte à l'indépendance du juge et viole donc la constitution.

Pour reformer ce service, nous épousons le point de vue de Shamashanga Minga Clément qui estime que pour sa redynamisation et aux fins de rendre sa mission conforme à la constitution ainsi qu'au nouveau cadre juridique, l'inspectorat général des services judiciaires mérite de subir une réforme qui pourrait rendre efficace son action et légitimer son intervention. Cette réforme doit concerner d'abord le cadre juridique, opérationnel et structurel de l'inspectorat général des services judiciaires.

De prime abord, il y a lieu de dire que la réforme du cadre juridique régissant l'Inspectorat général des services judiciaires est plus qu'une urgence dans la mesure

---

[127] SHAMASHANGA MINGA C., « L'inspectorat général des services Judiciaires : un service en marge de la Constitution congolaise du 18 février 2006 ? » dans *Librairie Africaine d'Etudes Juridiques,* n°7, 2020, pp. 249-256.

où l'*Ordonnance* du 23 juin 1987 ayant créé ce service n'a pas aujourd'hui un fondement constitutionnel ou légal. Aucun texte juridique ne sert de base légale à l'existence de l'ordonnance précitée.

Il est donc nécessaire de donner un fondement légal à l'inspectorat général des services judiciaires. Deux voies paraissent possibles pour atteindre cette réforme.

La première consiste à insérer ce service à l'Agence de Pouvoir Judiciaire. La deuxième consiste à faire intervenir le Premier ministre qui, par un décret, peut mettre en place l'inspectorat général des services judiciaires. En effet, l'Inspectorat général des services judiciaires, étant qu'un service public, peut être régit par un décret du Premier ministre, qui en vertu de l'article 92 de la constitution dispose du pouvoir réglementaire.

Ensuite, la réforme des attributions de l'inspectorat général des services judiciaires est nécessaire pour conformer sa mission à la constitution et au nouveau cadre juridique sur le pouvoir judiciaire. Ainsi, la mission principale de l'inspectorat général doit être celle d'inspecter, de contrôler et d'évaluer le fonctionnement et la performance des juridictions, des parquets ainsi que des autres services participant à l'administration de la justice. Cette mission s'avère capitale dans un pays comme la RDC qui, depuis 2006, a entamé une grande réforme de la justice avec l'éclatement de la Cour suprême de justice en trois ordre des juridictions et la mise en place des tribunaux de commerce, du travail et pour enfants ainsi que l'opérationnalisation des tribunaux de paix sur toute l'étendue de la République. Il est donc normal que soit institué un service public capable de permettre aux pouvoirs publics de s'assurer de l'efficacité des juridictions ainsi mise en place.

Une telle mission doit s'accompagner de l'obligation pour l'Inspectorat général des services judiciaires de publier chaque année un rapport de ses activités.

La compétence reconnue aux membres de l'inspectorat général de s'assurer, à travers l'examen notamment des copies des jugements, des dossiers et des registres, de la bonne administration de la justice et de l'expédition normale des affaires doit leurs être retirée dans la mesure où elle porte atteinte à l'indépendance des juges en ce qu'elle autorise ces inspecteurs de porter une appréciation sur l'œuvre du juge. Il en est de même de la mission reconnue aux inspecteurs de contrôler et de vérifier les écritures comptables et l'exécution des recettes et des dépenses des services judiciaires. Celle-ci doit être exercée par les institutions habilitées à cette fin. Cependant, le pouvoir d'enquête reconnu aux membres de l'inspectorat par le statut des magistrats doit être réaffirmé et encadré de manière à éviter les abus et les atteintes à l'indépendance du pouvoir judiciaire.

e. *Code pénal* congolais

v *Peine de travail d'intérêt général*

L'article 5 du *Décret* du 30 janvier 1940 tel que modifié et complété à ce jour dispose : « Les peines applicables aux infractions sont : la mort, les travaux forcés, la servitude pénale, l'amende, la confiscation spéciale, l'obligation de s'éloigner de certains lieux ou d'une certaine région; la résidence imposée dans un lieu déterminé; la mise à la disposition de la surveillance du gouvernement ».

Nous proposons l'ajout de la peine de travail d'intérêt général. Cette disposition sera modifiée de la manière suivante : « Les peines applicables aux infractions sont : la mort ; les travaux forcés; la servitude pénale; l'amende; la confiscation spéciale; l'obligation de s'éloigner de certains lieux ou d'une certaine région; la résidence imposée dans un lieu déterminé; la mise à la disposition de la surveillance du gouvernement ; le travail d'intérêt général ».

f. *Code de procédure pénale*

v Médiation pénale comme base de justice réparatrice

La modification du *Décret* de 6 août 1959 portant Code de procédure pénale est importante pour insérer la proposition de la procédure de médiation que nous avons évoquée précédemment comme mode alternatif de règlement de différends.

Nous nous inspirons donc de de la France qui dispose à l'article 8 de la *Loi* n° 2014-896 du 15 août 2014, relative à l'individualisation des peines.

Nous proposons l'*article 68 bis à insérer à la* Section III relative aux *mesures préalables au jugement, dans le* chapitre V : portant sur la procédure devant les juridictions de jugement du code de procédure pénal congolais *précité.*

Voici la formulation proposée :

« À l'occasion de toute procédure pénale et à tous les stades de la procédure, y compris lors de l'exécution de la peine, quel que soit la nature de l'infraction, la victime et l'auteur d'une infraction, sous réserve que les faits aient été reconnus, peuvent se voir proposer une mesure de justice restaurative.

Constitue une mesure de justice restaurative toute mesure permettant à une victime ainsi qu'à l'auteur d'une infraction de participer activement à la résolution des difficultés résultant de l'infraction, et notamment à la réparation des préjudices de toute nature résultant de sa commission. Cette mesure ne peut intervenir qu'après que la victime et l'auteur de l'infraction ont reçu une information complète à son sujet et ont consenti expressément à y participer. Elle est mise en œuvre par un tiers indépendant formé à cet effet, sous le contrôle de l'autorité judiciaire ou, à la demande de celle-ci, de l'administration pénitentiaire. Elle est confidentielle, sauf accord contraire des parties.

L'accord trouvé entre les parties lors de la médiation est réputée exécutoire et clos de différends».

Conclusion de chapitre

La justice est le socle de l'Etat de droit. Pour y arriver, elle doit être indépendante, efficace, efficiente et performante. En République Démocratique du Congo, elle est loin d'être indépendante, efficace et efficiente. Elle est organisée au modèle de la bureaucratie wébérienne qui, à ce jour, a montré des limites.

Tout au long de ce chapitre, nous avons abordé la question de la réforme de la justice congolaise sous l'angle du nouveau management public et d'autres solutions complémentaires. Aucune réforme dans le secteur judiciaire ne peut atteindre les objectifs assignés sans l'implication des toutes les parties prenantes dudit secteur (pouvoir exécutif, législatif et judiciaire, les partenaires au développement et la société civile). A cela s'ajoute la prise de conscience des personnels de la justice de leurs situations socio-professionnelles pour lutter pacifiquement à tout prix en faveur de la réforme de la justice.

CONCLUSION GENERALE

Aujourd'hui, l'apport du nouveau management dans le secteur de la justice est indéniable. Au lieu d'être deux domaines dichotomiques, le droit et le management entretiennent des rapports étroits, notamment dans le domaine de la réforme inspiré du nouveau management public.

Dans cette recherche, il est important de comprendre le chemin parcouru, l'originalité de l'étude et le regard prospectif sur les questions connexes.

Cette étude avait pour but de proposer la réforme du système judiciaire congolais en s'appuyant des principes du nouveau management public.

Bâti en trois chapitres, le premier a développé la littérature et cadre méthodologique et épistémologique. Concrètement, nous avions clarifié les concepts clés de l'étude et démontrer l'application des méthodes, techniques et posture épistémologique. Le deuxième a analysé les défis majeurs de la réforme de la justice en RDC. Dans le chapitre, deux volet ont été développés, à savoir les défis relatifs au fonctionnement de la justice et ceux relatifs à la réforme de la justice. Le dernier était axé sur les perspectiveses pour la réforme du système judiciaire congolais. Il a été question de proposer les pistes de solutions pour la réforme judicaire congolaise en s'appuyant sur le nouveau management public.

Au terme de l'étude, nous avons abouti au résultat selon lequel les problèmes majeurs de la justice congolaise restent le manque d'indépendance des magistrats, le déficit du management de carrière des magistrats, la modicité de rémunération des personnels de la justice, la surpopulation carcérale.

Les défis majeurs de la réforme de la justice en RDC sont le déficit de management des reformes antérieures dudit système et le budget faible alloué au secteur de la justice.

La perspective pour la réforme du système judiciaire congolais demeure l'application du nouveau management public, c'est-à-dire la contractualisation et l'agencification ainsi que d'autres réformes de l'arsenal juridique congolais afin d'atteindre l'efficacité, l'efficience et la performance du service public à l'échelon du secteur de la justice.

Cette étude trouve son originalité en ce qu'elle aborde la question de la réforme de la justice en RDC de manière pluridisciplinaire, c'est-à-dire en mobilisant d'une part les principes du nouveau management à appliquer à la justice et de l'autre, les propositions concrètes de modifications de l'arsenal juridique congolais pour implémenter les réformes inspirées du nouveau management public.

Aussi, elle innove dans la conception des nouvelles théories dont notamment la théorie de la désagrégation restructuro-fonctionnelle en lieu et place de la désagrégation structurelle répandue par les études antérieures en nouveau management et la théorie de rééquilibrage de pouvoir pour soutenir la théorie de séparation de pouvoir proposée par Montesquieux.

Il faut admettre que cette étude connaît une certaine limite. L'étude aurait pu se focaliser sur la question de difficulté d'exercice de la profession d'huissier des justices, le dysfonctionnement des Cours et Tribunaux. Cela n'a pas été possible, car, nous avons pris comme échantillon du système judiciaire congolais la Magistrature à travers le Conseil Supérieur de la Magistrature, le service pénitencier à travers les statistiques officielles des prisons. Cela se justifie par la durée limitée de calendrier académique qui limite un temps bien délimité de production de monographie de fin d'étude de master.

Aussi, l'étude n'a pas abordé la question de l'impact des récentes réformes judiciaires dans le domaine civil, commercial, administratif et constitutionnel dans système justicière congolais. Nous réservons donc ces problématiques pour des recherches ultérieures mieux étoffées.

Eu égard à ce qui précède, toutes nos hypothèses ont été confirmées et les objectifs atteints.

BIBLIOGRAPHIE

A. TEXTES JURIDIQUES

Textes normatifs internationales

Charte africaine des droits de l'homme et des peuples de 1981.

Déclaration universelle des droits de l'homme de 1948.

Pacte international relatif aux droits civils et politiques de 1966.

Textes normatifs internes

Constitution de la République Démocratique du Congo telle que modifiée par la Loi n°11/002 du 20/01/2011 portant révision de certains articles de la Constitution de la RDC du 18/02/2006, in Journal Officiel de la République Démocratique du Congo n° spécial, 2011 du 05 février 2011.

Ordonnance du 23 juin 1987 portant création de l'Inspectorat général des services judiciaires.

Décret du 30 janvier 1940 portant code pénal congolais tel que modifié et complété à ce jour.

Décret de 6 août 1959 portant Code de procédure pénale.

Décret du 7 mars 1960 portant Code de procédure civile.

Loi-organique du 1er Août 2015 portant modification de la loi-organique du 10 octobre 2006 portant statut des magistrats.

Loi organique n° 08/013 du 05 août 2008 portant organisation et fonctionnement du Conseil supérieur de la magistrature.

Loi n°023/2002 du 18 novembre 2002 portant code judiciaire militaire, J.O, Kinshasa, Numéro Spécial, 20 mars 2003.

Loi du 10 janvier 2009, portant protection de l'enfant.

B. OUVRAGES

BASTIT M., *La justice, selon Aristote (Éthique à Nicomaque, Livre V)*, Paris, Ed. ECLJ, 2020, p. 8.

BEGHIN J., « La prison : Absence de politique(s). Morcellement des connaissances », in Mary P. (dir.), *Le système pénal en Belgique, Bilan critique des connaissances*, Bruylant, Bruxelles, 2002, pp. 211-215.

CHARIH, M. et ROUILLARD L., « The New Public Management », dans M. Charih et A. Daniels (dir.), *Nouveau management public et administration publique au Canada*, Toronto, Institut d'administration publique du Canada, 1997, p. 27-45.

FERLIE E., *The New Public Management in action,* Oxford University Pres, 1997, 304 p.

FREDERICKSON, H. G., « New Public Administration », dans F. Marini (dir.), *Toward a New Public Administration: The Minnowbrook Perspective*, Scranton, Chandler, 1971, p. 309-331.

GUINCHARD S., *Lexique des termes juridiques,* 25ème édition, Paris, Dalloz, 2018, p. 1217.

HOOD C, "*Exploring Variations in Public Management Reform of the 1980",* in H.A. BEKKE, J.L. PERRY and T.A. TOONEN, Civil Service Systems in Comparative Perspective, Bloomington, Indiana University Press, 1996, 346 p.

KIFWABALA TEKILAZAYA, DEFI FATAKI WA LUHINDI et WETSH'OKONDA KOSO M., *République démocratique du Congo : la justice et l'Etat de droit. Un Etat de droit en pointillé. Essai d'évaluation des efforts en vue de l'instauration d'un Etat de droit et perspectives*, Ed. Open Society Foundation, Johannesburg, 2013, p. 72.

MUKADI BONYI (dir.), *Cinquante ans de législation postcoloniale au Congo-Zaire : quel bilan* ?, Ed. CRDS, Bruxelles, 2010, p. 575.

MUTATA LUABA, *Droit Pénal Militaire Congolais. Des peines et incriminations de la compétence des juridictions militaires en République Démocratique du Congo,* 2e édition, Kinshasa, 2012, p. 43.

MVIOKI BABUTANA J., « Le système judiciaire congolais : état des lieux et perspectives d'avenir », in P. MABIALA MANTUBA NGOMA, THEODOR

HANF et SCHLEE, *La République démocratique du Congo : une démocratie au bout du fusil*, Kinshasa, Ed. Fondation Konrad Adenauer, 2006, pp. 185-186.

N'DA P., *Recherche et méthodologie en sciences sociales et humaines : Réussir sa thèse, son mémoire de master ou professionnel, et son article, Paris,* l'Harmattan, 2015, p. 134.

ONU, *Manuel sur les programmes de justice réparatrice,* New York, Ed. United Nations publication, 2008, p. 5.

PROUDHON P-J., *Justice et Liberté, Les grands textes,* Paris, Presses universitaires de France, 1962, pp. 191-244.

URIO, P., « La gestion publique au service du marché » in M. Hufty (dir), *La pensée comptable : État, néolibéralisme, nouvelle gestion publique,* Paris, PUF, 1998, pp. 91-124.

VIRCOULON T., « Réforme de la justice : réalisations, limites et questionnements » dans Théodore Trefon (Dir), *Réforme au Congo (RDC) : attentes et désillusions,* Paris, l'Harmattan, 2009, p. 87.

WETSHO'OKONDA KOSO, *République Démocratique du Congo : La justice militaire et le respect des droits de l'homme – L'urgence du parachèvement de la réforme,* Ed. AfriMAP, Johannesburg, 2009, pp. 71-77.

C. ARTICLES, MÉMOIRES, COLLOQUES ET RAPPORTS

ABORD DE CHATILLON, E. et DESMARAIS, C., « Le Nouveau Management Public est-il pathogène? », *Management international*, Vol. 16, 2012, pp. 10–24.

AMAR A., BERTHIER L., « Le nouveau management public : avantages et limites », dans *Gestion et Management Publics*, vol.5, Décembre 2007, p. 7.

BADARA FALL A., *Les menaces internes à l'indépendance de la justice*, in Hal, Dakar, Sénégal, Novembre 2007, p. 66.

BALINGENE KAHOMBO et ali, « Rapport initial sur la gouvernance judiciaire et le progrès vers l'instauration de l'Etat de droit en République Démocratique du Congo » dans *Droit en Afrique*, n°18, 2015, pp. 104-105.

BELHASSAN KHAOULA, « 30 ans de nouveau management public : et après ? », dans *Revue d'Etudes en Management et Finance d'Organisation*, N°8 Mars 2019, p. 3.

BEZES, P., « Le renouveau du contrôle des bureaucraties : L'impact du New Public Management », dans *Informations sociales*, n°126(6), 2005, pp. 26-37.

BOUCHARD A., «La gestion par résultats au sein du Tribunal administratif. Un cas d'acculturation du droit par le management», dans *Lex életronica,* vol. 27, n°1, 2022, pp. 107-133.

BOUTET A., « La contractualisation territoriale : un mode d'action publique en renouveau permanent ou un outil d'avenir pour l'aménagement ? », Délégation à l'Aménagement du Territoire et à l'Action Régionale, in *DATAR,* Paris, Septembre 2003, p. 17.

BOUYZEM M. et AL MERIOUH Y., « La recherche en sciences de gestion : étapes, paradigmes épistémologiques et justification de la connaissance », dans *Revue Économie, Gestion et Société, N°14 décembre 2017,* p. 6.

CARIO R., « La justice restaurative dans le monde... et en France », in *Revue juridique de l'Océan Indien*, n°21, 2015, pp. 202-213.

CHANIAL, P., « Le New Public Management est-il bon pour la sante? » in *Revue du MAUSS*, Vol 1, 2010, pp. 135-150.

CHAPPOZ Y., et PUPION P-C., *« Le New Public Management »*, in Gestion et management public, Volume 1, n°2, 2012, pp. 1-3.

CHATAGNY S., *La mise en place du New Public Management a-t-elle un impact sur la satisfaction des clients ? Etude menée auprès de deux services des automobiles Suisses,* Travail de Bachelor, Université de Fribourg, 2014-2015, p. 13. (Inédit)

CHUBAKA KAHIRO C., *« Institut national de formation judiciaire : Enjeux et défis pour le renforcement de l'efficacité de l'appareil judicaire en République démocratique du Congo »* in African Law Study Library – Librairie Africaine d'Etudes Juridiques n°7, 2020, p. 279.

DAMOU S. et CARASSUS D., « L'agencification est-elle génératrice de performance pour les politiques publiques locales ? Une étude de cas dans le contexte marocain », Symposium international " *Regards croisés sur les transformations de la gestion et des organisations publiques* ", Maroc, 2021, 10 p.

DUNLEAVY, P., MARGETTS, H., BASTOW, S., TINKLER, J., «New Public Management Is Dead – Long Live Digital –Era Governance », dans *Journal of Public administration Research and Theory,* Vol 16 n°3, 2006, pp. 467-494.

FREDERICKSON, H. G., « Comparing the Reinventing Government Movement with the New Public Administration », dans *Public Administration Review*, vol. 56, n° 3,1996, p. 263-270.

GARDERE, É., « Institution communicante et nouveau management public », dans *Communication et organisation,* n° 41, 2012, p. 30.

GOW, J. I. et DUFOUR C., « Le nouveau management public est-il un paradigme ? Cela a-t-il de l'importance ? », dans *International Review of Administrative Sciences*, vol. 66, n° 1, 2000, p. 679-707.

HERVE Nicolas (d'), «La magistrature face au management judiciaire», dans *Revue de Science Criminelle et de Droit Pénal Comparé,* n°1, 2015, pp. 49 à 66.

HOOD C., *"A public management for all seasons",* in Public administration, Volume 69, n° 1, 1991. pp. 541-558.

Institut National de la Statistique, *Annuaire statistique RDC 2020,* Kinshasa, Mars 2021, p. 186.

KAKULE KINOMBE C., « La surpopulation carcérale dans les prisons congolaises : causes, effets et pistes de solution », dans *Librairie Africaine d'Etudes Juridiques,* n°3, 2016, p. 604.

KALONGO MBIKAYI, « Contribution de l'avocat au procès équitable », in *Revue de droit congolais*, n°06, 2001, p. 13.

KAVUNDJA MANENO T., « Les propositions de réforme de la justice Minaku-Sakata vont-elles détruire la qualité de la justice en République démocratique du Congo ? » dans *Revue de la Faculté de Droit de Goma, n°5, 2021,* pp. 40-84.

KILOMBA SUMAILI A., « La Justice transitionnelle et l'invention d'une Justice Indépendante en RDC : Nécessité ou urgence? » dans *Librairie Africaine d'Etudes Juridiques* n°3, 2016, pp. 478-479.

KINWANI J. et MANGO J., « La problématique de la garantie de l'indépendance du pouvoir judiciaire par le Conseil supérieur de la magistrature en République démocratique du Congo », dans le *Bulletin Justice et démocratie,* n°28, deuxième trimestre 2009, p. 17.

KISAKA KIA NGOY, « La suspension administrative de l'exécution des décisions de justice », in *Revue de la Faculté de droit*, 1ère année, numéro spécial, 1998, p. 116.

MANNING, N., « The legacy of the New Public Management in developing countries», *in International Review of Administrative Sciences*, Vol 67, n°2, 2001, pp. 297-312.

MERRIEN F. X., « La nouvelle gestion publique: un concept mythique » dans *Lien social et Politiques,* n°41, 1999, pp. 95-103.

MIERS, "An International Review of Restorative Justice", *In Crime Reduction Research,* n°10, London, 2001, p. 88.

MONUC, *Rapport sur la détention dans les prisons et cachots de la RDC*, 2004, p. 17

NATIONS UNIES, *L'indépendance, l'impartialité et l'intégrité de la magistrature,* New York, 2008, p. 2.

NGOMA KHUABI C., Analyse comparative de l'indépendance du pouvoir judiciaire en République Démocratique du Congo et en République du Congo, in *librairie africaine d'études juridiques*, vol 6, Ed. Rule of Law Program for Sub-Saharan Africa, Afrique du Sud, 2011, p. 64.

PNUD, *Rapport national sur le développement humain*, Kinshasa, Pnud, 2008, p. 51.

POLLITT et al., «Convergence: the useful myth? » *in Public Administration,* Vol. 79, n°. 4, 2001, p. 933-943

POLLITT, *The essential public manager. Buckingham,* London, Ed. Open University Press, 2003, 196 p.

SAVOIE, D. J., « What is wrong with the new public management? », in *Comparative Public Administration*, 2006, pp. 593-602.

SCHOENAERS F., « Le Nouveau management public et la justice : les enjeux de la réforme du système judiciaire belge », dans *RJTUM,* n°54, 2020, pp. 459-485.

SHAMASHANGA MINGA C., « L'inspectorat général des services Judiciaires : un service en marge de la Constitution congolaise du 18 février 2006 ? » dans *Librairie Africaine d'Etudes Juridiques,* n°7, 2020, pp. 249-256.

TRUBEK D., The « Rule of Law » *in Development Assistance : Past, Present, and Future*, juin 2003, p. 1.

VAN HAEPEREN B., « Que sont les principes du new public management devenus ? Le cas de l'administration régionale wallonne », dans *Reflets et perspectives de la vie économique*, n°2, 2012, p. 87.

VAN HAEPEREN, B., « Que sont les principes du New Public Management devenus : Le cas de l'administration régionale wallonne », in *Reflets et perspectives de la vie économique,* tome 2, 2012, pp. 83-99.

VERHOEST K., «Effects of autonomy, performance, contracting and competition on the performance of a public agency: a case study», in *Policy Studies Journal*, vol 33, n°2, 2005, pp. 235-258

VERSCHUERE B., «The autonomy-control balance in Flemish arm's length public agencies», in *Public Mnagement Review,* Vol 9, n°1, 2007, pp. 107-133.

D. JURISPRUDENCES

C.S.J, 16 décembre 2002, R.A 465, *Ndalambu Mbangama et Tshiaba Mbangama* (inédit).

Cour Internationale de Justice, arrêt du 30 novembre 2010 (*République de Guinée c. République démocratique du Congo*), fond, *C.I.J. Recueil 2010*, p. 639.

E. SOURCES INTERNET (WEBOGRAPHIE)

BADARA FALL A., *Les menaces internes à l'indépendance de la justice*, Nov 2007, Dakar, Sénégal. p.4, en ligne sur https://www.hal.science

CNRT, *Réforme*, en ligne sur https://www.cnrtl.fr/definition

Dictionnaire la Toupie, *Réforme,* en ligne sur : https://www.toupie.org/Dictionnaire/Reforme.htm

GASPARD CLAUDE, *Étude qualitative : définition, techniques, étapes et analyse*, publié le 22 octobre 2019 sur https://www.scribbr.fr/methodologie/etude-qualitative/

www.ingramcontent.com/pod-product-compliance
Lightning Source LLC
LaVergne TN
LVHW022117200926
848481LV00003B/1181